Mente
Criminal

HENRY LEE LUCAS

EL PSICÓPATA SÁDICO

AMERICAN
BOOK GROUP

INNOVANT PUBLISHING
SC Trade Center: Av. de Les Corts Catalanes 5-7
08174, Sant Cugat del Vallès, Barcelona, España
© 2026, Innovant Publishing SLU
© 2026, TRIALTEA USA, L.C. d.b.a. AMERICAN BOOK GROUP

Director general: Xavier Ferreres
Director editorial: Pablo Montañez
Director de producción: Xavier Clos

Colaboran en la realización de esta obra colectiva:
Directora de márqueting: Núria Franquesa
Project Manager: Anne de Premonville
Office Assistant: Marina Bernshteyn
Director de arte: Oriol Figueras
Diseño y maquetación: Roger Prior
Edición gráfica: Emma Lladó
Coordinación y edición: Adriana Narváez
Seguimiento de autor: Eduardo Blanco
Redacción: Adriana Patricia Cabrera
Corrección: Olga Gallego García
Créditos fotográficos: ©Williamson County Sheriff's Office, geni.
com, ©Podcast Nine, psycho-criminologie.com, ©Associated
Press, ©Clemmie Schroeder, Listen Notes, ©Wendy van
Overstreet, Lisa Carter/Shutterstock. ©Album/Mondadori Portfolio.
©Album/Rue des Archives. ©Creative Commons Attribution Share
Alike (CC BY-SA).

ISBN: 9781681658933
Library of Congress: 2021946740

Impreso en Estados Unidos de América
Printed in the United States

Índice

Capítulo 1

«YO SOY Y SERÉ TU BECKY»

Missouri, abril de 1993.

Querido Henry:

Estuve un poco desconectada de todo hace tiempo y ahora me entero por el *Dallas Times Herald* que estás condenado a muerte. ¡Lo siento tanto!

Creo que los periodistas inventaron todo eso acerca de ti y que todo es mentira. Hasta dijeron que me habías asesinado y descuartizado. Una verdadera locura.

Lamento haberte abandonado aquella vez en la carretera. Te prometo que haré todo lo posible para que quedes en libertad. No puedes estar preso por haberme matado. Les diré a todos que estoy viva.

Solo necesito que me ayudes a recordar mi pasado. Y voy a vivir nuevamente para ti porque te amo.

Y no importa lo que piensen. No cometiste esos crímenes de los que se te acusa. La policía te obligó a confesar... pero aquí estoy, vivita y coleando. Eres el ser más amable que conozco, siempre lo fuiste y no quiero que vivas más injusticias.

Apenas podamos reencontrarnos, nos casaremos. No importan los años que hayan pasado ni las cosas terribles que se dijeron. Yo soy y seré tu Becky.

Saldremos juntos de esto.

Con amor,

Phyllis.

«En Texas se ejecuta a más personas que en cualquier otra jurisdicción del mundo occidental. Desde la reanudación de las ejecuciones en 1977 y hasta fines de 1997, en Estados Unidos fueron ejecutados 432 presos en todo el país, de los que la tercera parte (144) lo fueron en Texas.

En cada uno de los pasos del proceso penal para llegar a la pena de muerte en Texas, se revela una sucesión de procedimientos judiciales claramente inadecuados que incumplen las normas internacionales mínimas para la protección de los derechos humanos. En Texas están dispuestos a ejecutar a los presos sin garantizar antes que su condena y su sentencia se ajusten a los derechos garantizados por la Constitución de los Estados Unidos.

Amnistía Internacional continúa profundamente preocupada por el bajísimo nivel de asistencia letrada que se proporciona en los juicios a muchos de los condenados a muerte en Texas.

El apoyo de la opinión pública a la pena de muerte en Texas se mantiene firme, lo que socava toda voluntad política de proporcionar una asistencia letrada gratuita competente y adecuada para los indigentes juzgados por delitos punibles con la muerte.

Texas carece de un sistema estatal de asistencia letrada gratuita y no existen requisitos de aptitud para los abogados defensores designados por los tribunales, ni siquiera en los procesos por delitos punibles con la muerte. Como resultado, los acusados indigentes son representados frecuentemente por abogados incompetentes o mal remunerados, lo que aumenta enormemente el riesgo de que las sentencias de muerte recaigan de forma desproporcionada sobre los miembros más pobres de la sociedad.»

Amnistía Internacional sobre la pena de muerte en Texas. Informe 1998.

Capítulo 2

LA MUERTE
LE SIENTA BIEN

Georgetown, Texas, junio de 1983

El *sheriff* Jim Boutwell hacía años que trataba de resolver varios crímenes cometidos cerca de la Ruta Interestatal I-35, comúnmente llamada «Interestatal 35», una autopista que atraviesa verticalmente Estados Unidos, desde Laredo (Texas) hasta Duluth (Minnesota) en un recorrido total de 1.558 millas, unos 2.507 km.

Uno de estos asesinatos era conocido como «medias naranjas», porque no había sido posible identificar a la víctima: una joven blanca, de unos 20 años, 1,70 m de altura, 63 kg de peso, cabello castaño teñido de color rojo, ojos avellana... Un par de calcetines naranjas era lo único que cubría su cuerpo desnudo tirado en una alcantarilla de cemento, bajo un puente.

Había sido violada y estrangulada el 31 de octubre de 1979, durante *Halloween* o «Noche de Brujas». Boutwell mostró fotos del cadáver a uno de sus prisioneros, que tardó unos siete segundos en admitir el crimen. «Te daré un indicio, dejé medias en mis víctimas. Víctimas desnudas, salvo las medias», aseguró el acusado.

Y dio más detalles. Había conocido a la chica, a la que identificó vagamente como Jeanine o Judy, en Oklahoma, donde almorzaron y tuvieron relaciones sexuales. Luego, cuando la llevaba en su coche por la Interestatal 35 hacia Georgetown quiso volver a tener sexo, pero ella se negó. Es más, a unos 8 km de la ciudad, ella intentó bajarse del vehículo y escapar. Entonces, aparcó el coche, la estranguló, la violó y arrojó su cuerpo desde un puente.

San Angelo, Texas, abril de 1984

Un jurado de ocho hombres y cuatro mujeres debe decidir sobre la suerte del asesino. Este se retracta ante su abogado Parker McCollough: «No maté a la chica de las medias naranjas. No tuve nada que ver con eso y lo puedo probar». Sin embargo, no declara en la corte.

Su primera confesión ante el *sheriff*, grabada en video, y una caja de cerillas de un hotel de Oklahoma hallada junto al cadáver son pruebas suficientes. Tras nueve horas de debate, le declaran culpable de homicidio, violación y robo agravados. La condena: pena de muerte. Al salir de los tribunales, el acusado sonríe a las cámaras. Había logrado lo que quería, un «suicidio legal».

Henry Lee Lucas, tal su nombre, ya había estado en la cárcel por haber asesinado a su propia madre. Y había vuelto tras las rejas por matar a su novia de 15 años y a una anciana de 82. Para entonces, mediados de abril de 1984, también había confesado un centenar de homicidios. Era el «mayor asesino en serie» de la historia estadounidense.

Capítulo 3

HIJO NO DESEADO

> «Tuve una familia pobre, no teníamos nada.
> Mi madre era prostituta y tenía sexo delante
> de mí, a veces me obligaba a verla. Mi papá se
> emborrachaba a veces y otras se iba porque no
> quería ver.»
>
> HENRY LEE LUCAS

Adentrarse en la vida de un asesino en serie es avanzar, paso a paso, en un camino de horror y de espantosa tristeza. Y si ese asesino es Henry Lee Lucas, habrá pasos que darán irremediables vueltas en círculos y otros, muchos, que irán hacia atrás, desandando el camino. El hombre que fue capaz de confesar 210 crímenes, que asoló Texas entre 1978 y 1983, y que sigue en la lista de los asesinos más prolíficos de la historia tuvo un pasado nefasto y, aunque la adversidad no justifica sus actos, es la muestra más cabal de que, como dice el refrán, «la violencia engendra más violencia».

Una cabaña en la nada

Asegurar que Henry Lee Lucas nació y creció en un ambiente hostil es simplificar los hechos y perder la posibilidad de conocer, en su trasfondo más doloroso, los comienzos de la vida de un hombre que terminó siendo sádico y cruel.

El domingo 23 de agosto de 1936, Viola Waugh dio a luz otro hijo. Había parido ya en el pasado y lo seguiría haciendo en los años siguientes, pero nunca se supo cuántos hijos tuvo en total ni tampoco a ciencia cierta quiénes fueron sus padres.

Viola era una indígena de la tribu de los Apalaches, que fue expulsada durante la adolescencia de su propia comunidad por mostrarse violenta y autoritaria. Sola y sin recursos, se adueñó de una cabaña abandonada en las afueras de la pequeña ciudad de Blacksburg, en el estado de Virginia, donde apenas podía sostenerse mediante la prostitución. Con el tiempo conoció a Anderson Lucas, quien fue su pareja cuando nació Henry.

Viola y Anderson sobrevivían compartiendo el techo, embriagándose todos los días y protagonizando escenas de violencia con asiduidad. Henry resultó un hijo más de los no deseados, al que su madre ni siquiera pudo dar en adopción, como hizo con algunos de sus hermanos mayores. Tal vez, la detección temprana de una suerte de retraso o la certeza de los médicos de que este nuevo bebé no era como los demás, le confinó a crecer en esa pocilga. Lo cierto es que, en aquel lugar casi olvidado de Virginia, Henry vivió a fuerza de golpes y desprecio.

Desde pequeño, fue azotado por su madre prácticamente con cualquier excusa: por llorar, por tener hambre, por pretender salir a jugar o por lo que fuera. Para acentuar su humillación, cuando otros niños de su edad empezaban la escuela, le vestía de niña y, según afirman algunos investigadores, era sodomizado por los clientes de su madre. Sí se sabe, ya que fue relatado por él mismo, que Viola le obligaba a ese maratón de sexo con hombres y que terminó por inocular en Henry un odio visceral hacia la humanidad y, muy especialmente, hacia las mujeres.

En una entrevista con la revista *D-Magazine*, en 1985, Henry recordó: «Mi madre me vistió de niña, y tenía el pelo como el de una niña. Así quedé durante dos o tres años. Después de eso fui tratado como lo que yo llamo el perro de la familia».

A los 10 años, Henry sufrió un accidente grave. Después de una feroz pelea con uno de sus hermanos más pequeños, le quedó un ojo muy lastimado y, como nadie le llevó al hospital para curarle, la herida se infectó sin remedio. El resultado fue una drástica pérdida de la visión y el párpado caído.

Para entonces, Henry asistía en algunos períodos a la escuela primaria, donde aprendió a leer y escribir, a hacer cálculos elementales y a desarrollar cierto gusto por el dibujo y la pintura, actividades que le acompañarían el resto de su vida. Fue también por ir a la escuela vestido de niña, que el Juzgado de Menores intervino y obligó a su madre a cesar en el travestismo del muchacho.

Sin embargo, las cosas no mejoraron después de la intervención judicial. Al contrario, Henry sufrió varias golpizas adicionales por contar en la escuela lo que vivía en su casa. Fue tal vez por esa época cuando tomó conciencia de que estaba solo. Sin familia a quien recurrir, tuvo que aprender a valerse por sí mismo hurtando alimentos, mendigando y a veces recurriendo él mismo a la prostitución para conseguir algo de dinero.

Como en muchas ocasiones Henry llegaba descalzo a la escuela, un día una de sus maestras le regaló un par de zapatos, lo que provocó en el niño gran regocijo. Contento, fue a mostrarle a su madre el obsequio, pero ella no compartió su alegría. Muy por el contrario, comenzó a regañarlo y a gritarle, hasta que finalmente decidió darle una lección definitiva y le pegó con una madera hasta que le dejó inconsciente. Así permaneció por tres días, hasta que uno de los clientes de su madre, conocido en el ámbito familiar como «el tío Berny» le llevó al hospital. Allí lograron que Henry volviera en sí, aunque aquel episodio le dejaría secuelas permanentes por el resto de su vida, como mareos y fuertes dolores de cabeza.

En aquella destartalada cabaña en las afueras de Blacksburg, para la época de más frío, Henry vio discutir a sus padres por última vez. En diciembre de 1949, pocos días antes de Navidad, Viola estaba borracha, le pegó una vez más a su marido y le ordenó que se marchase.

Anderson había sufrido un accidente ferroviario tiempo atrás, por lo que le faltaban ambas piernas y se desplazaba sobre un improvisado carrito de madera. Tras la golpiza y a pesar del clima gélido, Anderson huyó. Al día siguiente, su cadáver congelado fue encontrado en un bosque cercano, a donde presumiblemente llegó para buscar refugio. Otras fuentes sitúan la muerte de Anderson tres meses después, en marzo de 1950, lo que no cambia el cruel final de su vida.

Lecciones de zoofilia

A los 13 años, Henry perdió a la única y muy difusa imagen paterna que tenía. Anderson, a pesar de su adicción al alcohol, intentaba ganarse la vida vendiendo lápices sobre una esterilla en algunos puntos transitados de la ciudad. En la citada entrevista, Henry recuerda que todo el mundo llamaba a Anderson «sin piernas». Destaca que fue bueno con él y pone como ejemplo que, cuando quería ir al cine, le daba el dinero que usualmente destinaba a la compra de bebidas alcohólicas. No cuesta suponer que después de su muerte, Henry ya no quisiera vivir más al lado de su madre quien, además de condenar a morir congelado a quien él sentía como su padre, seguía maltratándole y vejándole.

A las pocas semanas de la muerte de Anderson, Viola llevó a la casa a su nueva pareja, un hombre que trascendió en la historia de Henry por la única enseñanza que le dejó. El propio Henry lo cuenta en una de las entrevistas que forman parte del documental de Netflix *Asesino confeso*: «A mí me enseñó a tener relaciones un hombre que vivió con mi madre. Me enseñó cómo matar animales y tener sexo con ellos. No importa qué animal, cualquiera». Antes de marcharse definitivamente de la casa materna, además de las innumerables humillaciones que había protagonizado, su dolorosa experiencia de repetidos abusos, hambre y descuidos, Henry había sumado ahora la afición por la zoofilia.

Algunos testimonios posteriores de ocasionales vecinos o víctimas de robos recuerdan que el joven Lucas no era un muchacho normal, y que su comportamiento era invariablemente errático e irascible.

De acuerdo con los estudios que le realizaron a Henry durante su paso por reformatorios, centros psiquiátricos y por la misma penitenciaría, su Coeficiente Intelectual (CI) se ubicaba en los 87 puntos, lo que determina que su inteligencia estaba «por debajo de la media». Si bien esta forma de medir la inteligencia ha perdido credibilidad debido a las nuevas mediciones basadas en las neurociencias y las llamadas «inteligencias múltiples», es posible que Henry padeciera de una discapacidad leve.

De acuerdo con la Escala de Inteligencia Stanford-Binet, «entre los 85 a 99 puntos, aunque se trata de una inteligencia debajo del valor de 100, que es la media, en la mayoría de los casos no es perceptible la diferencia y no necesariamente se trata de individuos que puedan presentar problemas durante su infancia, ni dificultades para integrarse en general. De hecho, un poco menos del 12% de la población mundial se sitúa en este estatus».

Sin embargo, al relacionar el Coeficiente Intelectual de Henry con la criminalidad, surgen estadísticas que pueden ayudar a encuadrar su inteligencia, un tanto más cerca de la de un asesino. Arthur Jensen, en su libro *The G Factor: The Science of Mental Ability*, cita datos que muestran que, «independientemente de la clase social, la raza o las disfunciones familiares, las personas con un coeficiente entre 70 y 90 tienen índices de criminalidad más altos que las personas con un coeficiente de inteligencia por debajo o por encima de este rango. Además, se explica que el fracaso escolar manifiesta una alta correlación con la conducta delictiva, siendo uno de sus mejores predictores».

Nellie Viola Waugh fue la madre del niño al que convirtió en su propio asesino. Henry Lee Lucas la mató el 11 de enero de 1960 y, de este modo, puso fin a las palizas y abusos que le atormentaban.

Si bien está claro que tener un Coeficiente Intelectual bajo no determina la criminalidad, puede también deducirse que la vida a la que estuvo expuesto Henry no ayudó a alejarle de esa posibilidad. No tuvo dónde aprender valores —ni los más elementales—, ni adquirir otra formación que no fuera la violencia y el delito. El haber sido un hijo no deseado, maltratado, abusado sexual y psicológicamente desde su infancia convirtió a ese niño —que no era el más listo de la clase, pero tampoco el peor— en un ser resentido y antisocial.

Me voy de casa

Al poco tiempo de la muerte de su padre, Henry abandonó su hogar. No había cumplido aún 14 años y no tenía dónde ir ni cómo mantenerse. Así y según sus propias palabras, «vagó por Virginia». Rápidamente, su aspecto de abandono produjo disímiles reacciones en los vecinos de cada pueblo, barrio o ciudad que visitó: algunos intentaban ayudarle, facilitándole un lugar donde dormir, ropa limpia y algo de comida; mientras otros le veían como alguien sospechoso y le denunciaban ante las autoridades. Quizá sin pensarlo y siempre sin sentir culpa, Henry se aprovechaba de la generosidad de quienes le hospedaban para robarles objetos de valor que revendía para comprar cigarrillos o alcohol.

Con el tiempo, estos hurtos fueron escalando en violencia, a lo que se sumó la cacería de pequeños animales, especialmente, de mascotas o de granja, a los que mataba después de tener relaciones sexuales con ellos. A pesar de su aspecto de chico bueno, tras su paso quedaba una estela de robos y animales muertos, al punto de ser rechazado por el grueso de los habitantes.

Al cumplir los 15 años, Henry ya era un delincuente de poca monta, que se había convertido en una cara conocida para los *sheriffs* o comisarios del condado. Nadie lo quería en su jurisdicción y se vio obligado a vagar por las afueras de las ciudades. A esta época se remonta su primer crimen.

Henry aseguró, en sus múltiples confesiones, que había asesinado a Laura Burnley, de 17 años, en marzo de 1951. Aunque la confesión fue realizada 1983 y rápidamente se desdijo de ella, en un primer momento Lucas aseguró que por esos años se encontraba ansioso de probar el sexo con humanos. Ya había tenido algunas experiencias con animales y decidió acercarse a una joven. Según su versión, recogió a una hermosa adolescente cerca de Lynchburg, en Virginia y la avanzó románticamente en repetidas ocasiones durante el breve encuentro. Pero la negativa no hizo más que exacerbar su deseo y, al sentirse rechazado una y otra vez la estranguló. Inmediatamente copuló con el cadáver y lo enterró en el bosque cerca de Harrisburg, Virginia, a poco más de una hora de camino de donde supuestamente se habían conocido. De aquella confesión nunca pudo Lucas precisar qué vehículo conducía entonces, ni si la chica se hallaba haciendo autostop o con qué excusa logró acercarse a ella.

Perseguido por la policía por deambular sin cesar, Henry Lee Lucas debió ampliar su radio de acción: pronto fue conocido también en Carolina del Norte, Carolina del Sur y Georgia, donde también fue identificado y desplazado con el paso de los meses.

Capítulo 4

DE LADRÓN A MATRICIDA

«En una discusión con ella, cuando me pegaba en
la cabeza con una escoba, le clavé un cuchillo. Me
volteé y salí de la habitación. Y ella ya no existía.
No existía.»

HENRY LEE LUCAS

Un joven mal trazado que apenas había alcanzado el quinto grado de la primaria: ese era Henry. Caminaba sin descanso buscando qué robar o dónde comer. Dormía cuando podía y fumaba cigarrillos Pall Mall. Ese también era Henry. Un muchacho abandonado, capaz de sodomizar a una mascota para luego matarla, y un aficionado a los robos.

Entre los 15 y los 18 años, existe una suerte de vacío en la vida de Henry; su accionar delictivo le fue llevando por distintos reformatorios. Se sabe que generaba rechazo por su aspecto físico y lástima entre sus compañeros y también que pasaba desapercibido. De todas formas, cuando se complicaba su relación con los demás, Henry sabía a quién pedir ayuda a cambio de favores sexuales. Así pasaron casi tres años. De algunas instituciones se fue por buena conducta y en otros casos decidió escapar cuando se le presentó la posibilidad. Huir y correr hasta la frontera del Estado, donde ya no podía ser recapturado, se convirtió prácticamente en un pasatiempo.

Sin embargo, al cumplir los 18 años las cosas cobraron otra importancia. Las denuncias de robo se fueron acumulando y al ser arrestado, la Ley le cayó encima con toda su fuerza.

Así el 10 de junio de 1954, Henry Lee Lucas fue condenado por más de una docena de cargos de robo en Richmond y ciudades aledañas, en el estado de Virginia, y sentenciado a cuatro años de prisión.

En la cárcel intensificó su experiencia sexual con hombres, intercambiando esos favores por protección o incluso por ayuda para escapar, objetivo que alcanzó cuando había cumplido más de tres cuartas partes de la condena.

Logró huir el 14 de septiembre de 1957. Pretendía llegar a la casa de una de sus hermanas mayores, en Tecumseh, estado de Michigan, pero no logró su objetivo. A los tres días fue recapturado, devuelto a Virginia y, aunque posteriormente intentó otra fuga, permaneció tras las rejas dos años, hasta el 2 de septiembre de 1959.

Libertad y promesas

Cumplida la condena, Henry tuvo la posibilidad de comenzar de nuevo. Había pagado por sus delitos, era joven y tenía aceptables perspectivas de encontrar trabajo. Para ello viajó, ahora sí, a Tecumseh, donde vivía Opal, una de sus hermanas mayores.

Paralelamente, tenía pensado contraer matrimonio ya que, curiosamente, durante su estancia en prisión había hecho amistad con una mujer que juró esperarlo para formar juntos una familia. Según contó a su hermana y a su madre apenas fue liberado, una mujer identificada como Kathy se había enamorado de él a partir de un copioso intercambio epistolar. Y sí, luego de algunas visitas a la cárcel habían decidido casarse apenas Henry fuera liberado. Pero no pudo ser. Viola, su madre, había ido a visitarle a la cárcel en la Navidad de 1958 y enterada de los planes de su hijo le prohibió que se relacionara con ella.

STATE PENITENTIARY
RICHMOND VIRGINIA
65971   6-28-54

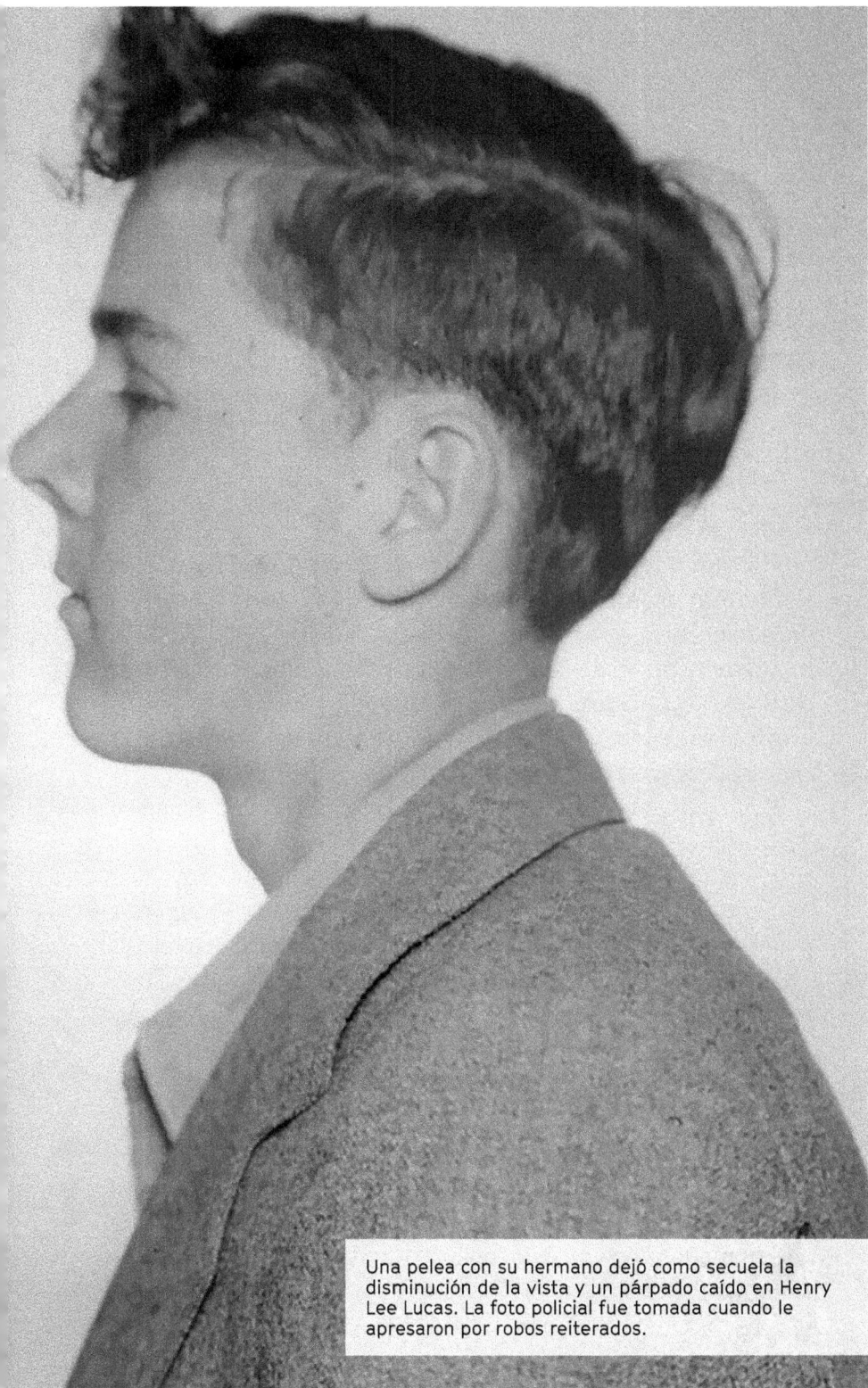

Una pelea con su hermano dejó como secuela la disminución de la vista y un párpado caído en Henry Lee Lucas. La foto policial fue tomada cuando le apresaron por robos reiterados.

En realidad, lo que pretendía era que Henry, al recuperar su libertad, volviera a la destartalada casa de Blacksburg para cuidarla. Tenía 74 años y sufría algunos problemas de salud.

Al salir de la cárcel intentó contactarse con su novia, para intentar continuar el platónico romance que había empezado por correspondencia hacía ya más de dos años, pero no pudo localizarla. El mismo Lucas buscó la dirección que figuraba en el remitente de su correo, pero llegó a una dirección en la que nadie conocía a la tal Kathy. La suerte estaba echada.

Hasta el cuello

Los hechos que siguen marcaron definitivamente el camino de Henry. Muy atrás habían quedado los robos por los que fue condenado en 1954, la zoofilia y la muerte de mascotas, y hasta el hipotético crimen de la chica que no quiso aceptar sus avances sexuales. Recordado por sus compañeros de prisión como un tipo un tanto estúpido, violento a veces y un mentiroso compulsivo, Henry Lee Lucas fue mucho más allá.

En los primeros días de 1960, su madre Viola había viajado a Tecumseh para visitar a su hija Opal y al recientemente liberado Henry. Como ya se dijo, tenía la secreta intención de convencer a su hijo de que volviera a vivir con ella en la casa de Virginia. Se puede inferir que la madre pretendía que olvidaran los tristes eventos del pasado, y fuera o no sincera, intentó captar la voluntad de su hijo. Sin embargo, pasaban los días y los reproches y discusiones subían de tono, pero Henry no cedía.

El 11 de enero de 1960, la pelea pasó a mayores. Ante el inevitable regreso a Virginia, Viola volvió a presionarle: alguien debía cuidarla y él era el indicado. Era soltero, sin hijos, y carecía de actividad que se lo impidiera. Pero Henry no cedía. Se mantuvo firme en la negativa y no pasó mucho tiempo hasta que su madre puso en evidencia su ya conocido carácter irascible y autoritario.

No cuesta imaginar que de la conversación áspera pasaron a los gritos y de ahí a la violencia. Viola tomó una escoba y empezó a azotar a Henry en la cabeza. Una, dos, tres veces. De nada le valió ir dando marcha atrás a medida que ella avanzaba. Es probable que en ese momento el joven Henry sintiera frío, como confesaría muchos años después: «Cuando matas es como estar en un refrigerador, te sientes frío... sin sentimientos. Ya no sientes nada hacia el ser humano real, es como si no existiera y algo toma su lugar, un objeto inanimado, una cosa».

Mientras ese sentimiento gélido se apoderaba de él, sin duda revivieron, como si llovieran fotografías de su infancia, los recuerdos y los pesares que le atormentaban: su madre vendiendo favores sexuales a uno, dos, tres hombres y su risotada alcohólica; también sus tardes enteras vestido de niña, su hambre, su sueño y sus ganas de llorar. ¿Cuál de estas imágenes disparó los hechos? No se sabe. Tal vez aquella última discusión entre sus padres, la golpiza que le dejó medio muerto o el no verlo nunca más.

Lo que sí sabemos es lo que hizo finalmente Henry: tomó una navaja y le seccionó el cuello. Apenas su madre cayó al suelo, dio media vuelta y se marchó del lugar. No se detuvo a confirmar que estuviera muerta, no trató de buscar ayuda, no sintió un ápice de arrepentimiento.

Probablemente, debido a lo truculento del hecho, la historia fue confundiéndose con los años y subsisten aún dos versiones o más, de cómo sucedieron los acontecimientos. La primera está apoyada en la lógica: Henry huyó de la escena del crimen, pero Opal, su media hermana mayor, relató que encontró a su madre en un charco de sangre y que llamó a una ambulancia. Según esta versión, los paramédicos actuaron con velocidad y Viola llegó con vida al hospital, donde dada la pérdida de sangre ya no la pudieron salvar. Otras fuentes consignan que murió en la ambulancia, de un paro cardiorrespiratorio.

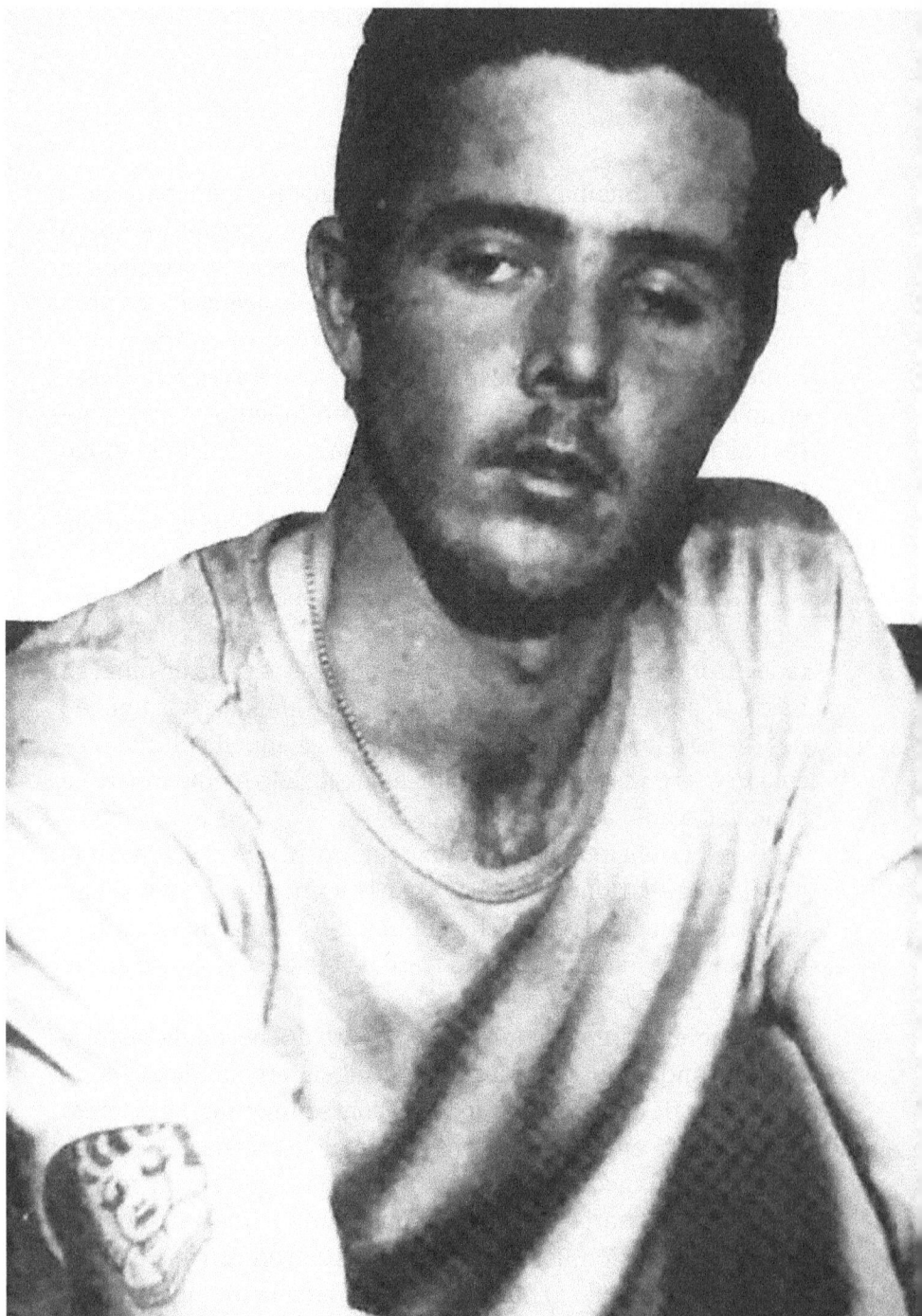

Desde los 18 años hasta los 34, Henry Lee Lucas cumplió condena por robos reiterados y homicidios en la cárcel y estuvo internado en el Ionia State Hospital, en Michigan.

En otra versión, mucho más tórrida, apenas Henry confirmó que su madre estaba muerta, copuló con ella. La versión se apoya en algunas declaraciones del propio Henry Lee: «Para mí una mujer viva, no es nada, el sexo con una mujer muerta lo es todo…». Y si bien es cierto que esto fue muchas veces aseverado por el matricida, nunca se confirmó que hubiera violado a su madre tras degollarla.

Ambas versiones coinciden en que después robó un coche, huyó del lugar y se encaminó a Virginia, donde quizá pensaba refugiarse. Pero en el camino —algunas fuentes dicen que llegó a Virginia e iba de regreso a Michigan— fue interceptado por la policía de Toledo, Ohio. Henry fue detenido mientras caminaba sin rumbo, lejos del vehículo que supuestamente había robado, con la mirada perdida y la ropa aún sucia, manchada con la sangre de Viola. La orden de arresto había puesto en alarma a los condados vecinos de Michigan y no fue complicado aprehenderle. Había estado tres días prófugo.

Juicio y condena

En su alegato, Henry aseguró que había actuado en defensa propia ante los sucesivos ataques de Viola, pero no logró librarse de la acusación de asesinato. Durante el juicio, Henry describió el desgarrador panorama de cómo había sido su infancia, cuál había sido desde siempre el trato de su madre hacia él y, aunque algunos de sus hermanos mayores se solidarizaron y declararon también sobre la violencia en la casa familiar, no se logró amortiguar su condena. El juez dispuso una pena de 20 años de cárcel por homicidio en segundo grado. El castigo no fue mayor, porque descartó la posibilidad de que Henry hubiera planeado el asesinato.

Los investigadores del caso aseguraron que, durante todo el proceso, desde la detención hasta la lectura de la condena, Henry Lee Lucas se mostró lejano, frío, como si no tuviera remordimiento alguno. Su voz se quebró ligeramente solo cuando describió su infancia al jurado, intentó mostrar sus cicatrices y habló de la muerte de su padre.

El juez dispuso que cumpliera su sentencia en el centro penitenciario de Jackson, en Michigan, que por entonces era una de las cárceles más grandes y populosas del país, con unos 6.000 detenidos. En una celda común y con los presos ordinarios, pasó sus primeros cinco años, donde intentó suicidarse en dos ocasiones. En la entrevista publicada por *D-Magazine* el propio Lucas reveló que, cuando estuvo en Jackson, solía escuchar la voz de su madre. «Había una voz que intentaba hacer que me suicidara, pero no lo haría», aseguró. El trabajador social que seguía su caso diagnosticó que era un sujeto inadaptado y asaltado constantemente por sentimientos de inferioridad e inseguridad.

Al considerarle peligroso para sí mismo, las entrevistas con psicólogos y psiquiatras de la propia penitenciaría se intensificaron, hasta que concluyeron en que debía ser trasladado a un hospital psiquiátrico. De esta manera, fue llevado al Ionia State Hospital, en Michigan, donde pasaría los siguientes cinco años y donde fue diagnosticado como un psicópata con desviaciones sexuales y sadismo. De sus días en el Ionia State, en la entrevista con *D-Magazine*, Henry contó que le pusieron paños en los pies para que lustrara el piso con ellos. «Tenías que hacerlo, no estoy bromeando; te golpeaban en los sesos si no lo hacías», dijo.

Aunque había sido condenado a 20 años de prisión, después de pasar los primeros cinco en la cárcel y otros cinco en el hospital psiquiátrico, obtuvo el alta porque se estimó que estaba en condiciones de beneficiarse con la libertad condicional. Su buen comportamiento y colaboración institucional, sumados a que para ese otoño de 1970 varias cárceles de los Estados Unidos se encontraban superpobladas, permitieron que Henry recobrara su libertad con la mitad de su condena cumplida.

Una vez más las cosas habían vuelto a su punto de partida. Como en 1959, cuando terminó de purgar condena por robos varios e intentos de fuga, Henry estaba otra vez en la calle y tenía nuevamente la oportunidad de llevar adelante su vida. Próximo a cumplir los 34 años, todavía podía formar una familia, conseguir algún trabajo en el que no pesaran sus antecedentes y, tal vez, llevar una vida normal.

Capítulo 5

DESTINO CIRCULAR

«No sé si soy yo o si me veo de confianza, pero se subían a mi coche. Iba a tocar a la puerta de la gente… les pedía comida o un vaso de agua y me invitaban a su casa. Decían "adelante, adelante". Creo que ese era su error.»

HENRY LEE LUCAS

Por segunda vez al quedar libre, al obtener el alta del psiquiátrico donde había pasado la última parte de su condena, Henry se refugió en la casa de su media hermana Opal. Sin embargo, los vecinos del tranquilo poblado de Tecumseh, que le habían conocido durante el breve período en el que estuvo en libertad, desde septiembre de 1959 hasta enero de 1960, no estaban muy felices con su presencia. De aquella época había quedado el amargo recuerdo de la muerte de Viola, con los medios del país cubriendo el sanguinario matricidio y luego el juicio.

El recelo de los vecinos contrasta, sin embargo, con la propia percepción de Henry, quien se veía a sí mismo como una persona «de confianza». La familia de Opal le recibió con cariño y creyó que se había curado tras pasar algunos años en un psiquiátrico, pero la muerte del perro de la casa les puso en alerta. Hasta ese momento, Henry había llevado en relativo secreto su zoofilia, pero este evento modificó las cosas. Enfrentado con su hermana y su cuñado, se vio obligado a dejar la casa y a vagar nuevamente.

Perdido y a pocos meses de recuperar su libertad, Henry volvió a cometer un delito. Y como en otros capítulos de su vida, son varias las versiones de lo que sucedió que se dan por ciertas. La primera es que intentó secuestrar a una adolescente de 15 años y subirla a un coche, a punta de pistola. La segunda señala que fueron dos las jóvenes que intentó secuestrar al mismo tiempo, aunque no se menciona que usara un arma. Como fuera que haya sucedido, lo cierto es que Henry Lee Lucas fue condenado a otros cinco años de prisión.

Volvió a lo que conocía: en la cárcel intercambiaba favores sexuales por protección, se destacaba por su buena conducta y no sobresalía demasiado; era su fórmula para sobrevivir.

También regresó al intercambio epistolar con algunas mujeres, práctica que terminaría siendo una constante en su vida. De este modo, generó un lazo con Betty Crawford, una amiga de su hermana Opal, quien prometió casarse con él cuando estuviera libre nuevamente.

Casamiento: ahora sí

En agosto de 1975, cuando Henry volvió a caminar libremente por las calles de Michigan, y ya sin el mandato de Viola que hubiera desautorizado seguramente la boda, la idea de la familia propia se hizo realidad para él. Tenía 39 años y otra oportunidad para recomenzar con su vida.

Puede que al principio las cosas hayan ido bien o, aunque más no fuera, hayan transitado de modo aceptable. Pero no pasó demasiado tiempo hasta que Henry volvió a cometer delitos de índole sexual. Mientras Betty iba a trabajar, él se quedaba en la casa al cuidado de las dos niñas que la mujer había tenido estando soltera: Cindy, de 8 años, y Kathy de 9. Sin ocupación fija, los pocos trabajos que Henry podía conseguir le daban tiempo de sobra para abusar de las niñas. Al parecer, las hijas de Betty no fueron capaces de contarle a su madre lo que el padrastro hacía con ellas durante su ausencia, pero a fuerza de la repetición terminaron por inculparle.

Aparentemente, Henry reiteraba con ellas lo que él mismo había vivido durante su infancia. Como la pequeña Kathy se resistía con más fuerza a la violación sistemática, Henry forzaba a Cindy, la menor de las hermanitas y obligaba a la mayor a observar el espectáculo. Antes de cumplir los dos años de matrimonio, Henry Lee Lucas debió abandonar la casa. La primera versión relata que fue descubierto *in fraganti* por Betty, quien le expulsó de inmediato del hogar, sin denunciarle a la policía. La segunda, que aburrido de esa rutina sexual de abusos, un buen día por la tarde Henry sencillamente se fue para no volver jamás.

Y otra vez, aunque los relatos difieren, la consecuencia fue la misma que en ocasiones anteriores: volvió a vagar por las calles. Puede que algunos viejos conocidos de la familia le dieran alojamiento por unos días, por pena o pensando que se había regenerado, pero lo cierto es que no tenía lugar donde vivir y que su única ocupación era algún trabajo temporario para sostenerse. Un poco haciendo autostop y también con alguna actividad de medio tiempo que le generaba algún ingreso, recorrió más de 1.600 km y consiguió llegar hasta Miami.

«El hijo del diablo»

Las condiciones seguían siendo desfavorables para Henry Lee y volvió a delinquir. Pero esta vez, ya no estaba solo. Tenía junto a él a un flamante socio y a un asesino en serie, casi un alma gemela. Se trataba de Ottis Elwood Toole, quien había nacido un 5 de marzo de 1947. Asesino confeso, había admitido varios cargos de asesinato, además de violación y canibalismo. Cuando conoció a Henry en 1978, su prontuario era bastante frondoso y lo sería aún más.

Oriundo de Jacksonville, Florida, era el octavo hijo de Sarah Toole y de su marido William Henry Toole, aficionado al alcohol

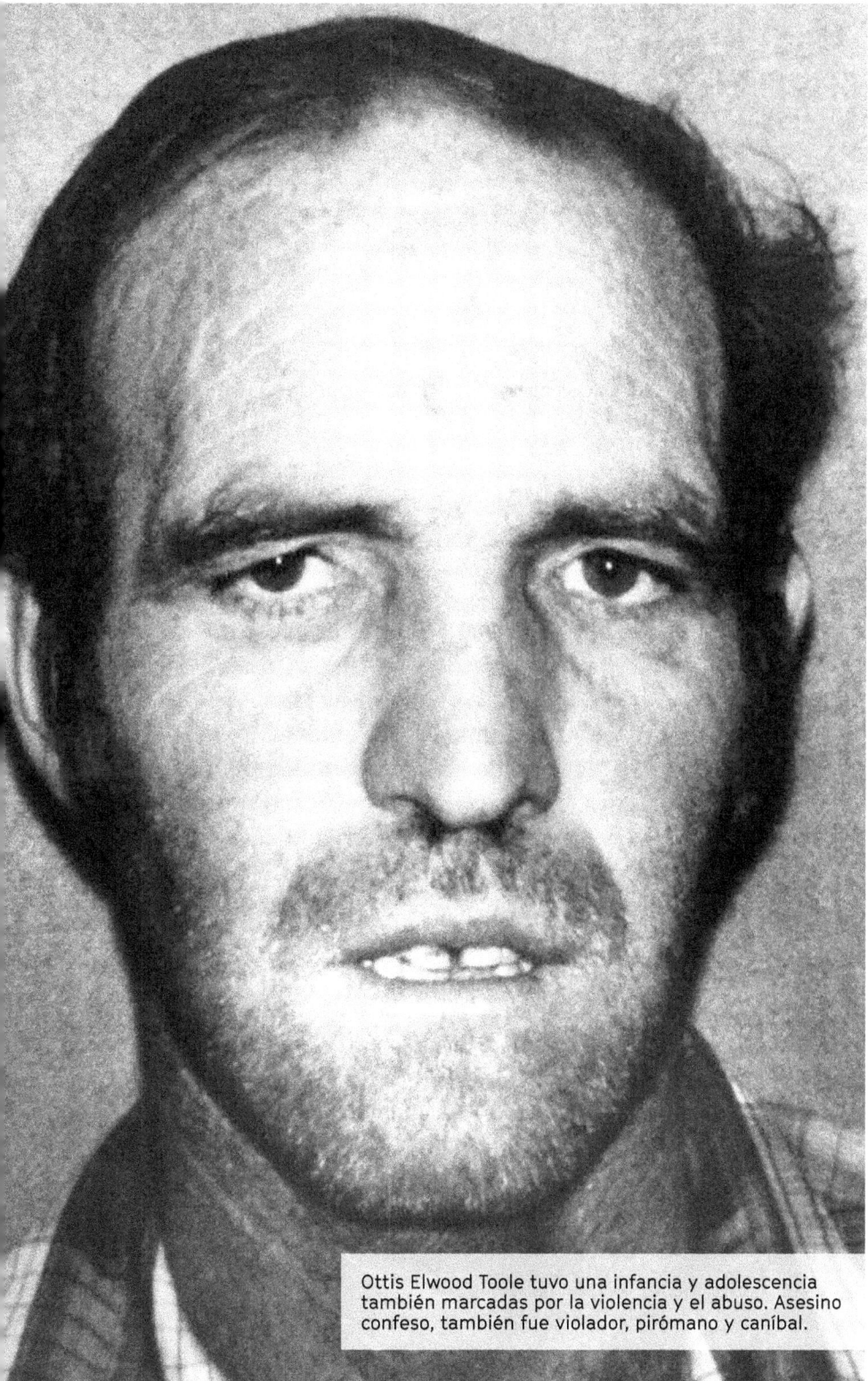

Ottis Elwood Toole tuvo una infancia y adolescencia también marcadas por la violencia y el abuso. Asesino confeso, también fue violador, pirómano y caníbal.

y pintor de brocha gorda. La familia vivía en el barrio Springfield, donde la delincuencia y la droga estaban a la orden del día. Ottis experimentó desde muy pequeño el abandono de su padre, porque este había sido expulsado de la casa por su madre poco después de su nacimiento. También padeció el rigor con que su madre le trataba, ocupada en mantener a los nueve hijos que crio —perdió a tres de ellos cuando eran muy pequeños—.

Sarah dejó de repetir con el paso del tiempo algunas citas bíblicas esporádicas y se convirtió en una fanática religiosa, al mismo tiempo que, sistemáticamente, fue olvidándose de sus hijos. En esa situación, el pequeño Ottis buscó protección en sus hermanos mayores y, especialmente, en su abuela materna.

Desgraciadamente, en medio de una familia absolutamente disfuncional, no tuvo espacio en el que refugiarse. La abuela pertenecía a una secta satánica y obligaba a Ottis a acompañarla en sus expediciones nocturnas para ayudarla en una tarea macabra: desenterrar cuerpos de los cementerios. El hecho parece ser cierto; además de estar confirmado por todas las fuentes consultadas, el propio Ottis contaría más tarde que su abuela solía tirarle un orinal por la cabeza cuando se negaba a ayudarle con sus «tareas» y acusarle de ser «hijo del diablo» cuando él la desobedecía.

En la escuela tampoco las cosas marchaban como debían para Ottis: tenía un Coeficiente Intelectual de 71, denominado «inteligencia límite» y apenas pudo pasar de los primeros grados, ya que no poseía habilidades para el cálculo ni podía leer de corrido.

La historia de Henry pareció repetirse en Ottis: un día, en la escuela, un colega le tiró una piedra que, tras dejarle unos minutos inconsciente, le acarreó secuelas de por vida, manifestadas en convulsiones y frecuentes crisis nerviosas. También, como le sucedió a Henry, alguien en su casa se empeñó en vestirle de mujer, en este caso, Drusilla, su hermana mayor, quien además inició al pequeño en materia sexual abusando de él.

La muchacha repetía a su vez su propia vivencia, ya que el padrastro de ambos, Robert Harley, había abusado sexualmente, primero de Drusilla, a los 10 años, y después de Ottis, de apenas 6. Pero hay un dato añadido: Drusilla prostituyó a su pequeño hermano hasta que fue detenida y llevada a un correccional de menores cuando tenía solo 12 años.

Al cumplir los 8, Ottis ya conocía el alcohol y las drogas, y para cuando llegó a los 12, se convirtió en pirómano. La visión del fuego le excitaba a tal punto que eyaculaba, razón por la cual el muchacho comenzó a incendiar cabañas abandonadas y cobertizos para luego masturbarse contemplando el espectáculo. Para esa misma época, Ottis fue detenido por el robo de una bicicleta, pero a los pocos días quedó en libertad, bajo el compromiso de que sería vigilado de cerca por la policía. En ese mismo mes, octubre de 1960, Ottis fue sorprendido robando en una casa y enviado, ahora sí, al Florida School for Boys, un correccional para menores.

Después de dos años de reclusión, Ottis volvió a su casa y también a las andadas. Aunque no fue culpado ni condenado, confesó haber cometido su primer asesinato a los 14 años, cuando arrolló a un viajante de comercio —que le había realizado una propuesta sexual— con el propio coche de la víctima. Pero no fue hasta 1964 cuando fue detenido por primera vez, ya como adulto, bajo el cargo de vagancia y prostitución. A partir de entonces, sus entradas a la penitenciaría fueron más que frecuentes. ¿Los delitos? Robo de la batería de un coche, prostitución en la vía pública, posesión ilegal de arma de fuego, piromanía y muchos cargos más.

En 1974, Ottis Toole condujo una vieja camioneta, sin rumbo fijo, por el oeste de Estados Unidos. Entonces, la policía le consideró como principal sospechoso de los asesinatos de Patricia Webb, en Nebraska, y de Shelley Robertson y Ellen Holman, en Colorado. También, de haber participado del ataque a un salón de masajes de Colorado durante el cual murió otra joven. En esas circunstancias, Ottis dejó Colorado y de nuevo buscó refugio en Florida.

Capítulo 6

HENRY & OTTIS, SOCIEDAD CRIMINAL

«Recogíamos mochileros, pero él (por Ottis) solía matar a las mujeres por su cuenta. A algunas les disparaba en la cabeza o en el pecho, a algunas las estranguló y a otras las golpeó en la cabeza con una herramienta.»

HENRY LEE LUCAS

En los primeros meses de 1978, Henry Lee y Ottis coincidieron en Florida. Deambulaban sin rumbo fijo ni lugar para vivir, a la pesca de poder robar algo, y lo cierto es que no costó demasiado que entablaran amistad, porque tenían muchas cosas en común. Pero en ese momento, cada cual siguió su camino... No fue hasta febrero de 1979, cuando volvieron a encontrarse, esta vez en Jacksonville, ciudad del nordeste de Florida que en esa época tenía alrededor de 500.000 habitantes.

Para poner en contexto aquel encuentro, es necesario saber que Ottis había contraído matrimonio —para gran sorpresa de su familia— el 14 de enero de 1977 con una mujer 24 años mayor que él. Pero la vida conyugal duró bastante poco, ya que Novella se cansó de compartir la cama con los hombres que su marido llevaba al hogar. «Unos días después de nuestra boda, Ottis me confiesa que se pone muy nervioso cuando no puede conseguir un hombre. Le asaltan bruscas crisis de cólera y las mujeres no consiguen excitarlo», declaró ya separada.

Casado y ya separado, Ottis había vuelto a su vida de soltero y a la casa de su madre. Durante el día, en su trabajo para una empresa constructora de la ciudad, era un tipo retraído y cumplidor. Sus compañeros de entonces, con los que nunca logró más que un «hola y adiós», solían mofarse de su escasa inteligencia, aunque valoraban que sostuviera un trabajo decente.

Después del horario laboral, Ottis se embriagaba, se drogaba y cuando quería un poco de acción sexual, la buscaba en las calles. Precisamente, una de esas noches, Ottis volvió a ver a Henry. Fue en la calle Mayer, donde estaba la sucursal del Ejército de Salvación. Había ido allí a buscar un compañero ocasional para tener relaciones. Era el lugar donde la comunidad homosexual de Jacksonville se daba cita fuera del horario de atención al público, cuando el local estaba cerrado. Allí se topó, nuevamente, con Henry.

Era febrero de 1979 y ya no se separarían. Ottis le invitó a su casa, le dio ropa limpia, le conminó a bañarse y afeitarse, y desde entonces, se convirtieron en amantes. Ottis había vuelto a vivir en la casa familiar con su madre, su padrastro, y esporádicamente con los hijos de su hermana Drusilla: Sarah, Becky y Frank Jr. La gran mayoría de sus hermanos habían partido porque se habían independizado.

Al comparar sus vidas, descubrieron que habían tenido una infancia parecida, una juventud casi calcada y apetitos que bien podían complementarse. La nueva pareja constituía ahora una verdadera sociedad, o mejor aún, una pareja criminal.

Amigo, amante y socio

Ottis era 11 años menor que Henry, muy alto, fornido y de gran fortaleza física, pero muy poco inteligente. Henry era más pequeño, corto de vista y menos recio y, en esta instancia, el más listo de los dos. Una vez establecido junto a Ottis, Henry también entró a trabajar en la constructora. Los 100 dólares a la semana que ganaban cada uno, aunque no eran mucho, alcanzaron para que Henry

El amor unió para siempre a Ottis y Henry. A partir de 1979, ambos formaron una pareja de amigos, amantes y socios asesinos.

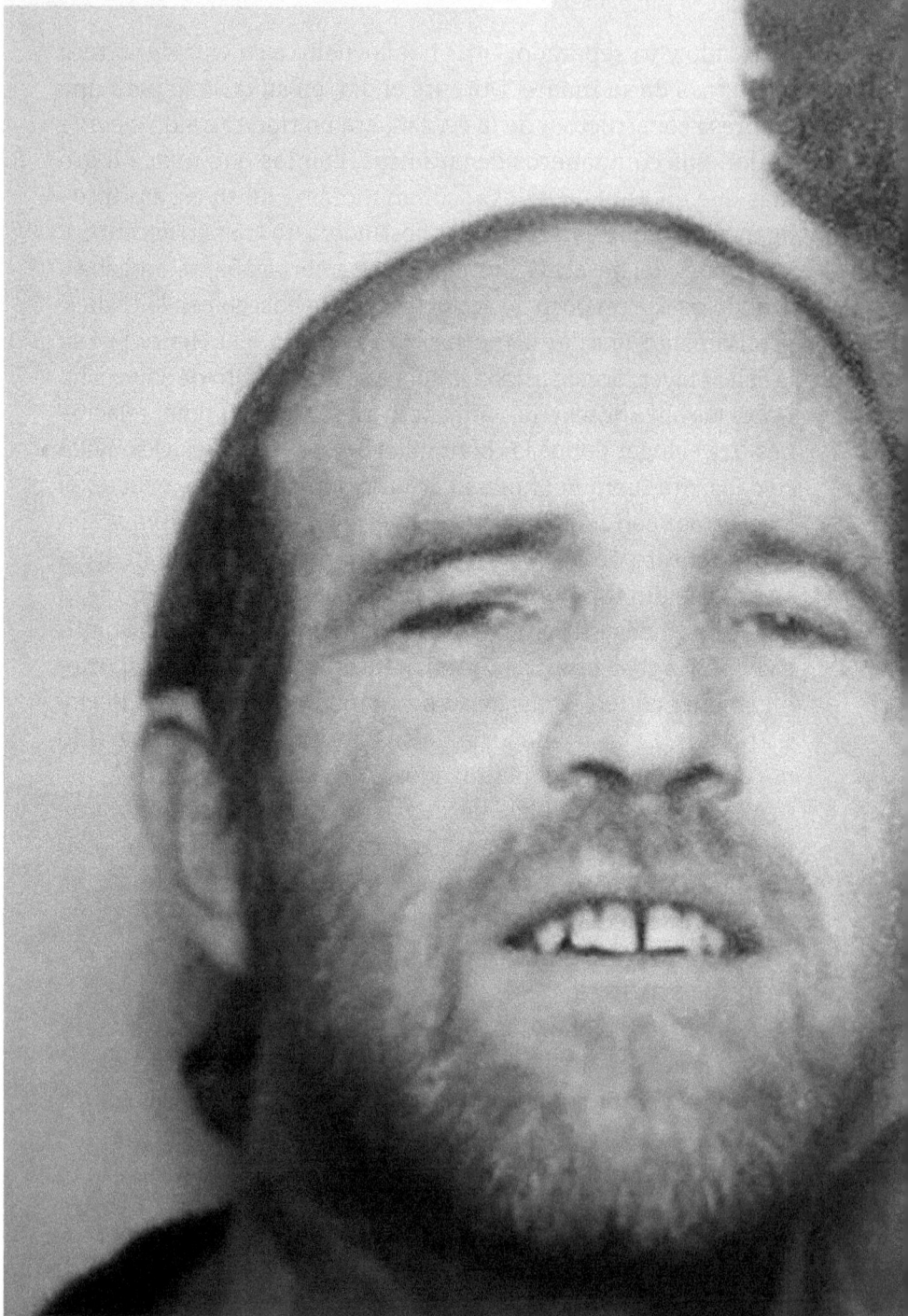

comprara un vehículo viejo y pudieran salir juntos de «cacería» a divertirse. Eso es justamente lo que hicieron: durante varios años, se dedicaron a asolar la Interestatal 35 con sus crímenes.

Eileen Knight era la jefa de personal de Southeast Color Coat Inc., la empresa para la que trabajaba el par de asesinos. Y, aunque en aquel momento era un dúo un tanto sospechoso, ni sus compañeros ni sus superiores sospechaban de sus actividades más allá del horario laboral. Sin embargo, una vez que sus crímenes les llevaron a la cárcel, la señora Knight les recordó de la siguiente manera: «Ottis se ausentaba a menudo, pero lo readmitíamos porque trabajaba bien. Se iban —Ottis y Henry— con frecuencia de Jacksonville. Toole solo se interesaba por una cosa: su coche destartalado. Creo que lo utilizaban para sus robos, pues nunca parecían estar sin dinero, cosa rara teniendo en cuenta que no trabajaban regularmente».

Henry reconoció, cuando fue apresado años después, que su unión con Ottis le llevó por caminos aún no explorados. «Después de 1979 matar se volvió un impulso y cuando conocí a Ottis... bueno, eso no ayudó mucho. Él y yo comenzamos a matar juntos». De hecho, se supo que Ottis prefería matar hombres, pero que Henry estaba ensañado con las mujeres: «No me gustan ni gustaron nunca las mujeres. Siento que las odio. Y cuando veía una por la calle, solo pensaba en secuestrarla y matarla».

Sin embargo, las atrocidades cometidas y los años que la prisión les mantuvo separados no pudieron con la suerte del tierno amor que les unía. En la serie de Netflix *Asesino Confeso*, que retrata los crímenes, a propósito de un encuentro tras varios años sin verse y en plena confesión de Henry Lee Lucas, se da la siguiente escena, que recrea la relación que había entre ambos:

—¿A cuántas personas mataste Henry? —pregunta un periodista.
—A 150 —responde Henry.

—¿Tú solo? —dice con complicidad, y la cámara lo toma a Ottis que está a su lado, muy cerca.

—No, yo solo no. —Henry vuelve la mirada a su amigo.

—Estuve contigo cuando mataste a algunos, ¿no? —interviene Ottis.

—Si quieres admitirlo, así es —reconoce Lucas.

—Sí. Depende de ti lo que quieras. No me importa lo que hiciste, todavía te quiero. —Mira a los ojos a Henry, que se quiebra.

—Ya sé eso —responde Henry escondiendo la cara.

—Mientras nos entendamos y sepamos la verdad el uno sobre el otro...

—Lo sé. —Lloriquea Henry.

—Es lo único que quiero. Tranquilo, no llores. No llores.

Becky: su gran amor

Combinando crímenes y algo de trabajo, a principios de los años 80, Henry volvió a enamorarse. Ella era la sobrina de su amante Ottis, Frieda «Becky» Powell, a quien conocía desde que se había ido a vivir a Jacksonville.

Como se dijo, los sobrinos de Ottis vivían en la casa familiar, de manera que para Henry no fue difícil acercarse a Becky. Dicen que ella sufría una discapacidad cognitiva leve, por lo que no pudo apreciar por completo qué tipo de novio era Henry, con quien empezó a flirtear con apenas 15 años. Esto enfrió un tanto la relación de Henry con Ottis, pero la pareja siguió adelante.

El 16 de diciembre de 1981, Drusilla Toole —la hermana mayor de Ottis— murió de una sobredosis, así que Becky y su hermano menor, Frank Jr., quedaron huérfanos. Algunas semanas después, ambos fueron enviados a un hogar sustituto, pero finalmente solo Frank Jr. dejó la casa de Jacksonville. Becky no estaba muy segura de alejarse de Henry, quien la convenció de que juntos estaban en condiciones de huir y vivir mejor.

Así lo hicieron, pero Becky no era una buena cómplice para robar, ni mucho menos para matar, de manera que se vieron obligados a conseguir un trabajo. En Ringgold, condado de Montague, Texas, Becky comenzó a cuidar de una señora de 82 años, Kate Rich, mientras que su pareja se dedicaba a hacer arreglos en la casa. La situación se mantuvo estable por unos meses... hasta que las hijas de la señora Rich, que vivían cerca de Ringgold, detectaron que algo andaba mal. La nueva cuidadora y su pareja emitían cheques a nombre de su madre y gastaban su dinero en cigarrillos y bebidas. Los familiares de la anciana no dudaron y les echaron.

Nuevamente en la ruta, Henry vio doblemente agravado su problema: ya no estaba solo, tenía que hacerse cargo de Becky.

Mientras intentaban volver a Florida haciendo autostop fueron recogidos por el pastor Reuben Moore, que se desempeñaba en la localidad de Stoneburg, Texas, dirigiendo la comuna «The House of Prayer». El pastor creyó que se trataba de una pareja casada con serias dificultades económicas, así que intentó ayudarles. Le consiguió a Henry un trabajo como reparador de tejados y un pequeño apartamento.

Después de tres meses de vivir en Stoneburg, Becky empezó a extrañar Florida y a insistir en que Henry también podría conseguir un trabajo allí, de modo que ella pudiera regresar a su ciudad natal, Jacksonville. Henry sabía que no podría retener a la chica en Texas por mucho tiempo y, cuando las discusiones se hicieron diarias, finalmente dejaron todo y se lanzaron nuevamente a la carretera, esperando otra vez que alguien les llevara.

De regreso, la muerte

El viaje de 1.767 km no les pareció tan largo. La meta era volver al estado de Florida, donde la chica se había criado y donde, aunque no debía dejarse ver aún por las autoridades que la buscaban para llevarla con su familia sustituta, podría quedarse en la casa de su hermana mayor, Sarah, o con alguna amiga.

Sin embargo, en algún punto del camino, las cosas cambiaron drásticamente. Si bien se desconoce lo sucedido, aparentemente, en medio de una fuerte discusión, el 23 de agosto de 1982, Henry asesinó a Becky, desmembró el cadáver y enterró partes del cuerpo en un terreno del condado, en pequeños pozos. Henry Lee Lucas describiría el crimen años después: «Discutíamos y nos maldecíamos. Ahí fue donde le clavé el cuchillo. Después le quité las bragas y el sostén y tuve sexo con ella. Es una de esas cosas que, supongo, deben ser parte de mi vida». Los forenses comprobaron que los restos hallados en los pozos, cavados con el arma homicida, correspondían con los de una adolescente.

Pero el crimen de la única mujer que dijo haber amado no le detuvo, ni tampoco el remordimiento ni la culpa. Después de enterrar las partes de su chica, Henry regresó a Ringgold hasta lo de Kate Rich, la anciana en cuya casa había trabajado. No le costó hacerse de los pocos valores de la mujer y luego matarla. Fue el 16 de septiembre de 1982, y también en esta oportunidad el arma elegida fue un cuchillo.

Como había hecho en 1960 con su madre y hacía apenas unas semanas con su amor, Becky Powell, ahora recibía la puñalada la anciana que les había acogido. Se deshizo del cuerpo rápidamente y después se quedó algunas horas en la casa antes de volver a vagar por los caminos.

Tras el asesinato de Becky, Henry supo que ya no podría volver con Ottis: su exmante tenía un vínculo estrecho con sus sobrinos y cuando él comenzó su relación con la chica, si bien no fue del todo de su agrado, dio a su manera la bendición para que ambos estuvieran juntos. A pesar de su corta inteligencia y de su amor por Henry, esto habría sobrepasado todas las expectativas de Ottis.

Ahora, Henry Lee Lucas optaría por acotar momentáneamente su radio de acción al estado de Texas, donde ya no buscaría más trabajo. Tenía otros planes en mente: consiguió un arma y comenzó de cero, con pequeños robos para sobrevivir.

Capítulo 7

POR LA BOCA
MUERE EL PEZ...

«Mis víctimas no sabían lo que iba a suceder.
Hubo disparos, estrangulaciones, golpizas, he
participado en crucifixiones reales.»

HENRY LEE LUCAS

Desde el momento en que acuchilló a Becky Powell el 23 de agosto y el día en que asesinó a la anciana Kate Rich, el 16 de septiembre de 1982, nadie sabe qué es lo que Henry hizo, ni siquiera él pudo dar una versión de lo que sucedió durante esos días. En alguna de sus confesiones, dice que deambuló por Texas, lejos de los caminos, en otras que pasó algunos días con su última víctima antes de matarla... no hay nada confirmado. Lo que sí se sabe es que la policía realizó una suerte de retrato robot de un hombre sospechoso, al que hacía mucho tiempo se veía deambulando. Para entonces, el *sheriff* del condado de Montague, William Franklin Conway, trataba de encontrar a Kate Rich, cuya desaparición había sido denunciada por una de sus hijas el 19 de septiembre de 1982, un día después de haberle visitado para llevarle torta de chocolate y comprobar que no estaba en casa.

Según parece, Henry logró sobrevivir llevando a cabo pequeños robos a mano armada hasta el 11 de junio de 1983, cuando fue detenido por un cuerpo especial de agentes del Departamento de Seguridad Pública de Texas, conocidos como los «Rangers». Creado en 1835, este cuerpo policial es famoso por su alta capacidad y el arrojo en sus investigaciones. Los Rangers constituyen un símbolo para todos los texanos, especialmente, por su historia de tintes legendarios.

A pesar de haber cometido sus peores crímenes con un cuchillo, Henry fue detenido finalmente bajo el cargo de posesión ilegal de arma de fuego por el ranger Phil Ryan. Pero, al interrogarle, los investigadores no sabían que estaban a punto de escuchar una verdadera catarata de confesiones y no el testimonio de un solo crimen.

El principio del fin

El 11 de junio de 1983, los Rangers de Texas interrogaron a Henry pensando que se trataba de una infracción menor —posesión de arma de fuego—, pero fueron sorprendidos por una confesión que comenzó ese día y que, técnicamente, no terminaría nunca.

Era un sábado normal y recién comenzaba el interrogatorio. Todos esperaban escuchar qué excusa inventaría el tipo para tener consigo un arma de fuego. Pero, quizá porque los Rangers le intimidaron o porque sentía la necesidad de detener su accionar asesino de alguna manera, contó que había matado a dos personas. Para el día 14, la confesión estaba completa. Por fin se conocía el destino de la señora Rich y el horripilante final de Becky. La sobrina de Toole figuraba como fugada para la policía de Florida por escaparse con Henry cuando debía haberse mudado con una familia sustituta, pero no como desaparecida. Y la familia tampoco la había reclamado. En pocas palabras, Henry confesó dos asesinatos de los que nadie tenía noticia. A partir de entonces, nunca más recuperaría su libertad.

Sin embargo, esto que podría cerrar la historia y la vida de un ser marginal fue apenas el principio. Sin motivo aparente, Henry siguió hablando y relatando sus crímenes a los Rangers a lo largo de la Interestatal 35 con lujo de detalles. Los Rangers de Texas habían atrapado a un pez gordo, a un asesino en serie del que no tenían noticias y al que no buscaban. Mejor aún: no tenían que hacer mucho para que confesara.

Nada menos que 100 víctimas

Para mediados de 1983, los departamentos de policía de todo el país amontonaban casos de cientos de personas muertas en circunstancias sospechosas. De algunas, se había podido recuperar el cuerpo y trazar una línea de investigación con hipótesis y sospechosos; pero de la mayoría no. Eran demasiados los casos impunes que permanecían en una nebulosa, cientos de hombres y mujeres simplemente habían sido tragados por la tierra.

El cargo de delito leve con el que había ingresado Henry a la oficina de los Rangers cambió al ritmo de sus testimonios. Con absoluta precisión, llevó a los investigadores al lugar donde había enterrado el cuerpo de Becky e indicó con una tranquilidad sorprendente dónde había dejado una y otra pierna, los brazos, el torso y la cabeza. Incrédula, la policía desenterró las partes y supo que estaba frente a un asesino que, aunque no se mostraba arrepentido, al menos parecía dispuesto a colaborar.

Es difícil saber si Henry fue consciente de esto en algún momento. Pero lo que ocurrió más tarde causaría aún más asombro, ya no solo entre los Rangers, sino también en la prensa y la opinión pública.

Apenas Henry Lee Lucas confesó el asesinato de Becky y de la señora Rich, comenzó el juicio y las circunstancias hacían suponer que sería un trámite relativamente rápido y sencillo. Sus defensores de oficio, para amortiguar la sentencia, pretendieron sacar a relucir las pocas luces de Lucas y sus antecedentes psiquiátricos.

A punto de leer su sentencia el 30 de septiembre de 1983, el juez preguntó a Henry si comprendía cuál era su situación, a la vez que le anotició de que cumpliría una larga condena por haber asesinado a dos mujeres, a lo que Henry Lee Lucas respondió impertérrito: «Comprendo mi situación y la acusación que se me hace. Pero… ¿qué vamos a hacer con las otras 100 mujeres que maté?».

Un silencio absoluto recorrió la sala, tal como si la misma muerte o las voces de esas cien mujeres gritaran en los oídos de los presentes. ¿Qué estaba ocurriendo? Antes de escuchar la sentencia a cadena perpetua por el asesinato de Becky y a 75 años por el de la señora Rich, el acusado decía ante el jurado, los abogados y la gran cantidad de medios convocados… que había otra enorme cantidad de víctimas esperando ser desenterradas.

El cuerpo especial

Ahora sobraban casos por esclarecer y los crímenes de mujeres jóvenes desaparecidas movilizaban siempre a los medios, que con más imaginación que datos, buscaban chivos expiatorios y acusaban a la policía de no hacer demasiado.

El *sheriff* Jim Boutwell estaba a cargo de varias investigaciones y tenía unas cuantas que habían llegado a un callejón sin salida. Su trabajo se centraba en los delitos que ocurrían sobre la Interestatal 35, entre las ciudades de Dallas y Austin. Eran apenas 36 km, a lo largo de los cuales habían aparecido mujeres violadas y muertas, hombres baleados e incluso muchos animales cercenados. Boutwell creía que gran parte de esos crímenes habían sido cometidos por una misma persona, probablemente, uno de esos asesinos en serie recién tipificados que asolaban una u otra región por puro antojo y sadismo.

Fue entonces cuando Boutwell interrogó a Henry Lee Lucas, quien siempre se había mostrado amable y especialmente colaborador, y descubrió que era el responsable de muchas de esas muertes. El 22 de junio de 1983, la primera vez que declaró ante Boutwell, Henry había firmado una confesión por varios asesinatos.

Henry Lee Lucas siempre se mostró colaborador con los Rangers. Fue condenado a muerte por sus propias confesiones. Sin embargo, nunca se sabía cuándo decía la verdad.

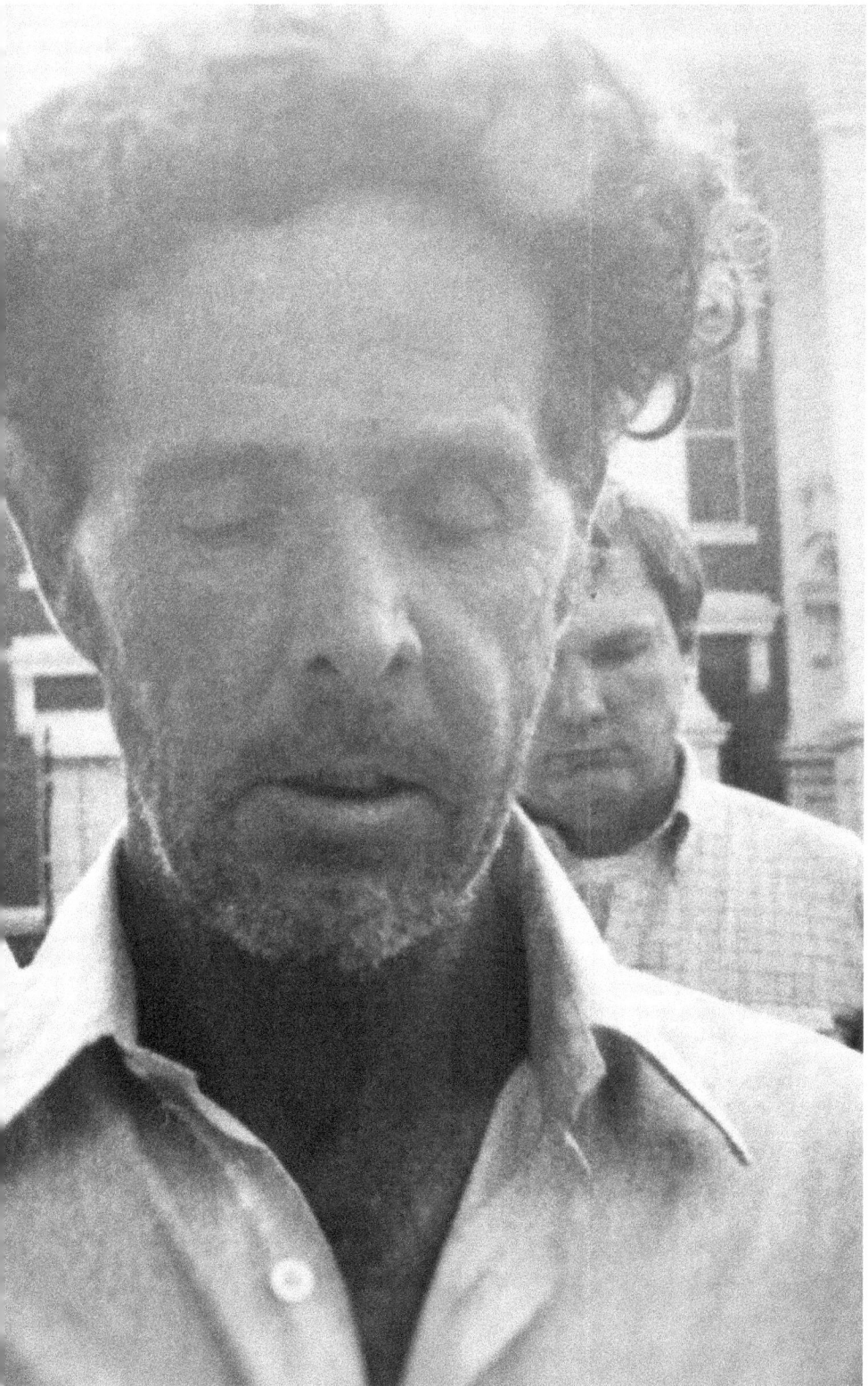

Cuando le tomó declaración, quedó en evidencia el vínculo de Henry con Ottis Toole, quien había sido detenido en Jacksonville unos días antes, acusado de haber provocado un incendio. Y aunque se mostró más reticente que Henry, también terminó por confesar una larga cadena de crímenes.

Ante esta situación, el *sheriff* Boutwell decidió hablar con el director de Seguridad Pública, el coronel Jim Adams; pensó que era buen momento para aprovechar las confesiones y así clarificar muchos casos. Además, las familias de las víctimas lo exigían. Fue así como se creó un grupo encargado de coordinar la investigación del caso Henry Lee Lucas. Lo llamaron «Henry Lee Lucas Task Force» o «Cuerpo Especial Henry Lee Lucas».

Para 1983, el *sheriff* Jim Boutwell ya se había convertido prácticamente en un héroe por su desempeño en la fuerza: era reconocido y popular. Además, su imagen política ayudaba a lograr que la investigación avanzara.

El coronel Jim Adams, al comprobar que el caso Lucas tenía un sinfín de implicaciones, decidió designar al ranger Bob Prince para dirigir la Task Force. Prince era un hombre experimentado, que podría muy bien llevar a cabo la tarea de coordinar el trabajo de los investigadores. De esta manera y por primera vez, se centralizó el trabajo de varios departamentos de policía: fue posible intercambiar información, comparar expedientes y, sobre todo, unificar sospechosos de distintas jurisdicciones, teniendo en cuenta que los asesinos, en serie o no, no respetan fronteras. La Task Force marcó un hito porque el coronel Adams, quizá sin saberlo, estaba innovando en la forma de la investigación del delito.

Para facilitar el trabajo, Henry no fue trasladado a una prisión estatal o federal, sino que comenzó a cumplir su condena en la cárcel del Condado de Williamson, en Georgetown, Texas, la misma ciudad en la que estaba detenido. Fue allí donde tanto Prince como Boutwell se dieron cuenta de que eran testigos de la obra macabra de un asesino que estaba en condiciones de confesarlo todo. De aquella época, Henry Lee Lucas diría: «Somos amables entre nosotros —refiriéndose a todo el personal de la comisaría—. Bromeo mucho con Bob, le hago chistes».

Al poco tiempo de estar preso, los Rangers pensaron que Henry podría necesitar ayuda espiritual, así que llamaron a la hermana Clemmie Schroeder, pastora en la penitenciaría del Estado, quien accedió a visitarle regularmente. «Clemmie me ha tratado bien, ha hecho todo lo posible para ayudarme. De no ser por ella, no creo que pudiera revivir cada caso», recordaría Henry.

Podría decirse que sus encuentros fueron edificantes y permitieron avanzar en el camino de la espiritualidad de Henry, ya que pronto el condenado pudo enseñarle a la hermana Clemmie su costado más débil y sensible a fin de apaciguar los momentos de tensión y ansiedad que vivía en la cárcel del condado.

El mismo Henry, al recordar en qué momento y cómo había decidido trabajar codo a codo con los investigadores, puso de relieve el gran aporte de la hermana Clemmie y reconoció: «Jesucristo mismo entró y me pidió que lo aceptara como su salvador. Y le dije que no podía aclarar los casos, porque no los recordaba bien. Y me dijo que él se encargaría de eso. Desde ese día fui capaz de regresar a los cuerpos, saber dónde estaban y todo eso». Y por más inverosímil que resulte este diálogo, a partir de ese día, su actitud cooperadora tomó nuevos bríos.

La hermana Clemmie fue también de gran ayuda para los Rangers, porque con cada confesión, encontraban las respuestas de un crimen sin resolver y podían llevar paz a la familia de otra víctima. Saber qué había ocurrido con su ser querido no le devolvía al presente, pero aliviaba la espantosa sensación de atravesar ese horrible limbo entre la vida y la muerte que es la desaparición.

Para fines de 1983, en la cuidad de Georgetown, Texas, los investigadores estaban a punto de pasar a la historia: habían descubierto a uno de los más prolíficos asesinos en serie de Estados Unidos y del mundo.

Capítulo 8

HORROR EN AUMENTO

«Yo me entrené y me entrenaron para no dejar
huellas. Ni digitales, ni pisadas, ninguna huella.
Los demás dejan pruebas; yo no.»

HENRY LEE LUCAS

Con Henry Lee Lucas en la cárcel del Condado de Williamson dispuesto a confesar, no tardó en sumarse su exsocio, Ottis Toole. Y, para sorpresa de los investigadores, él también estaba dispuesto a colaborar facilitando los detalles de sus crímenes. Pronto, la pareja Lucas-Toole saltó a la fama. La prensa se hizo eco de sus actos y el público cayó en una suerte de éxtasis morboso: se agotaban los periódicos donde Lucas y Toole mencionaban el canibalismo o aquellos en que la policía aportaba datos de alguna escena de los crímenes. Los acusados, que durante años habían violado y asesinado en equipo, describían casi con fruición cómo habían sido capaces de secuestrar, violar, matar, descuartizar e incluso comerse a sus víctimas.

Parecía que no conocían otra forma de vivir. Cada uno fue cometiendo delitos en distintas escalas: hurto, robo, robo con arma, secuestro, asesinato... hasta que se conocieron. El haberse encontrado potenció la maldad o la bestialidad de ambos. Sus obras constituyen un catálogo completo de perversas aficiones:

piromanía, asesinatos depravados, zoofilia, necrofilia, infanticidio, pornografía, abuso, violaciones...

La actitud colaborativa de ambos realmente causó estupor entre los Rangers, quienes intentaron capitalizar la información para resolver los innumerables casos pendientes, hacer justicia, dar paz a los familiares de las víctimas y, por qué no, aumentar su ya conocida celebridad...

Asesinos del camino

Henry y Ottis vagaron durante años por la Interestatal 35 que atraviesa Estados Unidos desde Laredo, en la frontera con México, hasta Duluth, bien al norte, a pocos kilómetros de Canadá. Se trató de un macabro y enorme coto de caza que se extendía a lo largo de sus 2.507 km.

Según contó el propio Henry, viajaban en coches viejos y desvencijados, que hacían a un tiempo de transporte y vivienda, a falta de dinero para un motel. Así que lo poco que tenían lo usaban para pagar el combustible. Mendigaban la comida. Aunque parezca increíble, a pesar de verse y oler horrible, a muchas personas les parecían «de confianza». Tan de confianza como para invitarlas a sus propias casas. Y las habían asesinado precisamente porque les habían dejado entrar.

Dado este *modus operandi*, el hallazgo de la prueba era difícil, ya que los cuerpos no habían quedado ni enteros ni en un solo lugar, así que la policía apenas podía reconstruir los casos, salvo por la declaración de algunos testigos o de la propia familia. Aparentemente y según sus propias declaraciones, Henry tenía la habilidad de no dejar huellas en el lugar del crimen, lo que les habría permitido resultar impunes durante tanto tiempo.

Ante los oídos atentos de los Rangers y de ocasionales testigos de la prensa, Henry insistía en resaltar su frenesí por matar mujeres. En primer lugar, aseguraba, intentaba acercarse a ellas y consensuar un encuentro sexual. Al no lograrlo, las violaba, pero sin alcanzar el éxtasis. Frustrado por esta situación, las asesinaba y luego volvía a fornicar con el cadáver, hecho que le provocaba un placer sexual adictivo.

Ottis, por su parte, parecía ser más expeditivo. Al ser alto y fuerte, no le costaba demasiado reducir a un hombre de menor contextura. Les secuestraba y sodomizaba amenazándoles con un arma para terminar liquidándoles a quemarropa inmediatamente.

En ocasiones, el placer se acercaba más a los gustos sencillos de Ottis y Henry compartía con Toole su locura por la piromanía: en más de una ocasión, incendiaban juntos casas o graneros vacíos y se contentaban con mirar el espectáculo.

Crueldad en carne viva

Pero había más, mucho más. En una entrevista para la televisión estadounidense, Ottis llegó a relatar que «hubo una época en que ganábamos dinero vendiendo niños a México, que empleaban para películas porno; otros los vendían directamente a gente rica. Teníamos una especie de altar y les rajábamos la garganta, bebíamos la sangre y a veces cocinábamos los cadáveres. A veces los nuevos miembros de la secta cortaban los cuerpos antes de follárselos... y después follaban a los animales y los mataban... y después había una gran fiesta durante la cual comíamos a alguien y a los animales».

Este tipo de descripciones, por horrorosas que parezcan, no generaban en el gran público el repudio y la indignación que podría suponerse. Por el contrario: una corriente de simpatía morbosa rodeaba al dúo de pirómanos asesinos, volviéndoles dignos de admiración e incluso de idolatría. De ahí el profuso intercambio epistolar que Henry y Ottis mantenían con fanáticas de todo el país, además de ser requeridos permanentemente por la prensa.

Mientras se acumulaban expedientes para revisar junto con Henry convertido en flamante colaborador de los Rangers, más y más crímenes iban descubriéndose. De aquellos primeros 100 que había develado Henry Lee Lucas durante el juicio por la muerte de Becky y de la señora Rich, se pasaron a contabilizar entre 200, 300 y más aún.

Becky, la sobrina de Ottis, también participó de esta rutina delictiva. A lo largo de muchos meses, el dúo aprovechó la inocencia de la chica, que tenía casi 14 años pero parecía de 8 o 9, así que la enviaban como «caballo de Troya» para entrar en una casa y asesinar. Ella golpeaba la puerta, pedía agua o comida para ella y sus «tíos» y, cuando la víctima se daba cuenta, ya estaban los tres dentro de la vivienda.

Desorganizado pero perfecto

En los años 1980, el término «asesino en serie» comenzó a formar parte del vocabulario popular. Presumiblemente acuñado por el investigador, criminólogo y perfilador de asesinos del Federal Bureau of Investigation (FBI) Robert Kenneth Ressler en los años 70, encuadraba bien con el perfil de Henry.

Pero había que ser más precisos. ¿Qué tipo de asesino en serie era? Para poder explicar en qué ubicación de la tipología de asesinos se encontraba Henry, hay que recurrir a las definiciones contenidas en *Asesinato en serie: caminos para las investigaciones*, una serie de documentos que publica el FBI. Allí se define como «asesino en serie» al «individuo que comete tres o más asesinatos durante un extenso período con un lapso de descanso» o enfriamiento entre cada crimen. Para el FBI, durante este período de «enfriamiento emocional», que puede durar días, semanas, meses e incluso años, el criminal planifica o fantasea con su siguiente asesinato y elige a su próxima víctima.

Mientras que un «asesino itinerante o excursionista, comete múltiples asesinatos en diferentes lugares, dentro de un período que puede variar desde unas cuantas horas hasta varios días». A diferencia de los asesinos en serie, ellos no tienen un período de

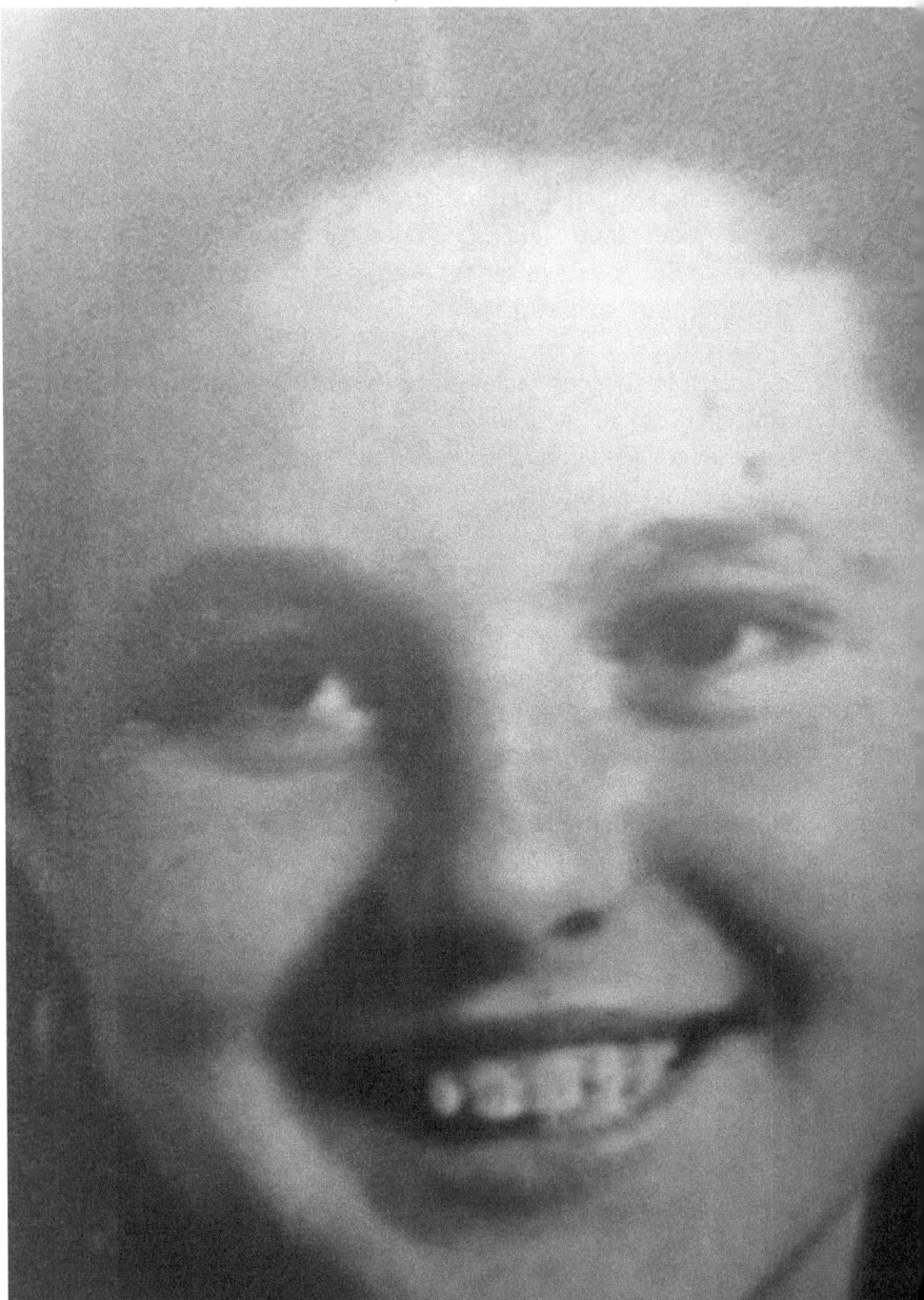

A principio de los años ochenta, Henry volvió a enamorarse. La elegida fue la sobrina de Ottis, Frieda «Becky» Powell. Henry la asesinó, copuló con su cadáver y descuartizó su cuerpo el 23 de agosto de 1982.

enfriamiento. A este último tipo de asesino en serie, también se le conoce como *spree killer* o «asesino relámpago».

De acuerdo con su forma de operar, Henry Lee Lucas era un asesino en serie que desafiaba los cánones de los perfiladores criminales. No había un patrón de víctima consistente, ni siquiera un tipo de arma homicida dominante. Además, como reveló el periodista Hugh Aynesworth, el período de enfriamiento era casi inexistente debido la cantidad de crímenes cometidos y la distancia que separaba uno de otro.

Finalmente, dentro de la psicología criminal y siguiendo los lineamientos del FBI, tanto Ottis Toole como Henry Lee Lucas entran en la categoría de «asesinos desorganizados». Esta tipología está reservada para criminales con un bajo Coeficiente Intelectual, entre 80 y 95, y el siguiente *modus operandi*: «El desorganizado matará a alguien donde y cuando halle la oportunidad, llevará a cabo ataques sorpresa y, muy probablemente, ejecutará rituales que cree necesarios llevar a cabo una vez que la víctima se encuentre muerta —por ejemplo, necrofilia, mutilación, canibalismo, etc.—. Se trata de personas poco sociables, generalmente, con un historial de problemas mentales. Habitualmente, son descritos como un poco extraños o raros. Y, sobre todo, tienen poca consciencia sobre sus crímenes. De hecho, hasta puede que bloqueen los recuerdos de sus asesinatos».

En 1985, Lucas fue llevado a Dallas para ser sometido a una serie de tests neurológicos y psiquiátricos en los hospitales Presbyterian y Baylor. Estos análisis detectaron contusiones, pérdida de tejido en el lóbulo frontal y anormalidades en el lóbulo temporal. Según los especialistas, estas anomalías cerebrales pueden producir cambios en el comportamiento de una persona, haciéndola más agresiva en situaciones de estrés, además de falta de consciencia. Es decir, pueden dar origen a un sociópata. Según el doctor Walsh, uno de los médicos que participaron de los estudios, Lucas tenía un «problema caracterológico, una gran tendencia hacia la sociopatía».

Para los médicos, estas lesiones eran el resultado del castigo que Lucas había padecido durante su infancia. Los golpes propinados por su madre y las lesiones provocadas por uno de sus hermanos fueron determinantes.

Por otra parte, Lucas le contó a un psiquiatra de Austin que había sufrido supuestas convulsiones cuando era niño. En una entrevista grabada en vídeo describió que, a menudo, sentía la sensación de estar flotando mientras permanecía en la cama. Muchos psiquiatras interpretan esto como una ilusión de origen esquizofrénico, pero también como convulsiones originadas en el lóbulo temporal.

Mientras los especialistas sacaban estas conclusiones, Henry parecía el asesino perfecto: no había dejado huellas, había matado hasta el hartazgo y al ser detenido por una causa menor, se había dado el gusto de colaborar con la policía y aclarar todos los casos posibles. Pero, ¿cómo podía haber asesinado a más de 100 o 300 personas sin que le atraparan?

Según la policía, él y Ottis viajaban constantemente por el país y en esas circunstancias eran capaces de asesinar hasta a tres personas en 10 o 20 horas y en tres Estados distintos. Eran asesinos itinerantes, lo que dificultaba mucho su detección. Esto, sumado a su aspecto inofensivo, constituía un cóctel letal para sus víctimas.

Con la colaboración de los asesinos, el grupo de investigadores logró resolver en pocos meses prácticamente 210 casos que permanecían abiertos. Además, como la Interestatal 35 atraviesa varias regiones, no solo los Rangers de Texas trabajaban con él: Henry fue requerido por investigadores de los departamentos de policía de Oklahoma, Kansas, Missouri, Iowa y Minnesota. La coordinación de todo el equipo bajo las órdenes Bob Prince arrojó resultados escalofriantes.

Al tiempo que la policía cerraba casos, muchas familias encontraban una respuesta al saber qué había ocurrido con sus seres queridos. En este pináculo de gloria macabra, fueron realizados los juicios en que terminaron condenando a Ottis Toole y a Henry Lee Lucas.

Como dijimos, en San Angelo, Texas, un tribunal sentenció a Henry Lee Lucas a la pena de muerte por el asesinato de la joven identificada como «medias naranjas». Por otra parte, también en 1984, Toole recibió la misma pena por el asesinato de George Sonnenberg —murió en un incendio provocado por el acusado— y de perpetua por el de Ada Johnson. Luego la condena a pena de muerte fue conmutada por perpetua.

Capítulo 9

MATAR LLEVA SU TIEMPO

> **«Declaro que no cometí esos crímenes. Ellos (los Rangers) querían aclarar los casos, me mostraron fotos del crimen y me dieron toda la información. Solo debía pararme ahí y decir que sí lo hice. Así lo aclararon. Esto es lo que debe parar.»**
>
> HENRY LEE LUCAS

L a cantidad de casos cerrados ascendía minuto a minuto. Los investigadores consultaban por un caso y Henry Lee Lucas explicaba cómo y cuándo había sucedido. Tres asesinatos por día era una cifra inverosímil, teniendo en cuenta que además de matar personas en diversos Estados —ya sea en solitario o durante su trabajo en equipo con Ottis Toole— debían detenerse a descansar y a comer. ¿Estaban diciendo la verdad o inventaban? ¿Pero qué persona, ya no en su sano juicio, sino con una mínima luz de raciocinio, podía admitir crímenes ajenos? Algunos empezaron a dudar, no les parecía verdad tanta matanza relámpago. ¿O acaso violar, matar, descuartizar y comer a una víctima no llevaba tiempo?

Las primeras sospechas

Con la idea de que algo no estaba funcionando bien, el periodista Hugh Aynesworth decidió ahondar un poco más en los hechos y en las pruebas. Aynesworth era ya un reportero de fama en los años 80, además de profesor y autor de varios libros de criminalística. Se trataba de una autoridad en el tema que incluso había dado forma a la biografía más precisa sobre Ted Bundy, al punto de que fue su intervención la que convenció a la propia madre del asesino en serie de la culpabilidad de su hijo.

Aynesworth trabajaba para el diario *Dallas Times Herald* cuando la fama de Henry y de Ottis estaba en su máximo esplendor. Fue entonces que solicitó autorización al *sheriff* Boutwell para asistir a algunos interrogatorios de Henry Lee Lucas. La respuesta fue un inmediato sí. El *sheriff* conocía la obra del periodista y además supuso que su participación le daría seriedad y respaldo al caso.

Ya en la primera entrevista, Aynesworth comenzó a poner en tela de juicio todo lo que el detenido iba diciendo. Tras haber trabajado con otros asesinos y haber cubierto para varios medios crímenes de toda laya, pudo presentir que las declaraciones de Henry Lee Lucas no eran ciertas, sino que pretendían conformar a Bob Prince, quien a esta altura era casi un amigo para él, a la vez que agradar al resto de los Rangers.

Desmontar la confesión de 210 crímenes no era una tarea simple, especialmente cuando la policía de Texas estaba detrás de la investigación dando por resueltos casos que hacía años aguardaban ser aclarados. Y también estaban las familias de las víctimas que habían sufrido, primero a lo largo de la investigación y después, la angustia de que todo pudiera ser falso. Las confesiones cerraban, ¿por qué el periodista no las consideraba ciertas?

Con meticulosidad y mucha paciencia, Hugh Aynesworth trazó un mapa con las escenas del crimen y después colocó fecha y hora presuntas del delito. Con estos datos, terminó por confeccionar un itinerario de los crímenes. ¿Su conclusión? Las confesiones eran inverosímiles. Ninguna persona podía recorrer tantos kilómetros en un día, mucho menos, teniendo en cuenta el estado de los vehículos que habitualmente manejaba Henry, ni podía estar simultáneamente en dos sitios distintos al mismo tiempo.

La noche del domingo 24 de agosto de 1975, el esposo de Debbie Williamson, de 18 años, la halló asesinada de 17 puñaladas en Lubbock, Texas. Henry confesó el asesinato a los Rangers, pero mintió. El crimen sigue impune.

Era difícil de creer que alguien hubiera confesado crímenes que no había cometido. ¿Por qué? ¿Y cómo lo hacía si en
muchos casos Henry conocía detalles reservados exclusivamente a los investigadores?

Esas eran las preguntas que se hacía el periodista. Pronto
Aynesworth llegó a la conclusión de que Henry mentía para
agradar a los investigadores, a la prensa y por un momento,
quizá, en un supuesto intento de dar paz a las familias de las
víctimas. También mentía para obtener privilegios. Como se
dijo, Henry estaba en la cárcel del Condado de Williamson, en
una celda del departamento de policía de Texas, donde la vida
en prisión era muy distinta.

De alguna manera, Henry buscó su comodidad. Mientras reco-
nociera sus crímenes, sería entrevistado a diario por los medios,
saldría con los Rangers a reconocer distantes escenas del crimen
y se pasaría el día de conferencia con investigadores de todo el
país. Para congraciarse y, dado que Henry se mostraba invariablemente cooperador y educado, Bob Prince le compraba bati-
dos de fresa y solicitaba a las visitas que le llevaran, a modo de
obsequio, un paquete de cigarrillos Pall Mall.

Aunque cueste creerlo, el tiempo que pasó junto a los Rangers
puede haber sido una muy buena etapa de su vida. En Georgetown,
Henry no debía trabajar ni robar para comer, tenía visitas a diario y la celda resultaba cómoda en comparación con dormir por
semanas en un coche, a la intemperie o en la paupérrima casa de
su niñez. Por primera vez en su vida, tenía ropa nueva y limpia,
servicio periódico de peluquería, comida, un pequeño televisor
en su celda, papeles para dibujar y un precioso set de pintura que
un equipo de periodistas japoneses le había obsequiado en oportunidad de una larga entrevista para la televisión de aquel país.

La pregunta seguía en pie: ¿cómo podía Henry describir los
crímenes con relativa precisión y de modo creíble? El periodista comprobó que el prisionero tenía acceso a los expedientes

policiales, donde había fotos y detalles de cada crimen. Para sorpresa de Aynesworth, Henry podía ver los retratos robot y las fotos de las víctimas, por lo que, con un poco de astucia, se inventaba una historia. Al saber que la víctima había sido estrangulada, Henry montaba una escena del tipo: «Se negó a tener sexo conmigo, me gritó y la forcé mientras apretaba su cuello». Y con lo que no sabía o no había llegado a informarse, argumentaba que tenía borroso en su memoria algún detalle o cerraba con frases como «lo siento, es todo lo que recuerdo».

En este punto, Aynesworth descubrió que no solo Henry mentía o alucinaba, sino que los propios Rangers permitieron alegremente que esto sucediera para que los casos continuaran resolviéndose y el prestigio de la famosa policía de Texas continuara aumentando.

Las conclusiones a las que estaba arribando Aynesworth pronto llegaron a oídos del *sheriff* Boutwell, a quien le disgustaron mucho, como era de esperarse. La forma dudosa en que la policía de Texas gestionaba la investigación y cómo estaban implicados también los departamentos de policía de otros Estados conducían a un escándalo seguro, y de seguir por el mismo camino, tarde o temprano la verdad les explotaría como una bomba en las manos. Y la verdad no solo era reclamada por el periodista, había familias que cuestionaban la veracidad de los dichos de Henry y Ottis.

Una linda trampa

Linda Erwin fue la primera mujer en trabajar en la Unidad de Homicidios de la policía de Dallas. Se trataba de una detective intachable que había logrado resolver casi todos los casos que llegaban a su unidad en los cuatro años que llevaba en el puesto. Cuando llegó a sus oídos la historia de Henry Lee Lucas, su jefe la conminó a averiguar si acaso algún antiguo crimen sin resolver podía atribuírsele al colaborador detenido de Georgetown.

Pero ella tomó la orden con pinzas y expuso a sus superiores un plan para ponerle en evidencia. «Me sentí mal de hacer algo a espaldas de mis compañeros, porque eso eran los Rangers para mí, en definitiva; pero las cosas no cerraban y supe que algo debía hacer», explicaría Erwin años después. La trampa consistió en esta argucia: armó la carpeta de un caso con fotos truculentas de una víctima, imágenes de la escena del crimen y una descripción detallada del caso. Todo era falso. Y pidió turno para entrevistarse con Henry. Sí, hubo un momento en que había que esperar meses para poder obtener una breve entrevista con el detenido aun siendo policía.

La detective Linda Erwin aguardó con paciencia su turno y llegó al encuentro tal como el jefe de la Lucas Task Force, Bob Prince, le había sugerido; es decir, con la carpeta del crimen y los cigarrillos. Como Erwin sospechaba, Henry reconoció haber cometido el falso crimen y aportó detalles inventados. «Tenía razón, pero no estaba feliz... esto era el principio. Ahora debía enfrentarme a los Ranger y exponerlos. Eso no era fácil», se sinceró después Erwin. La farsa había terminado.

El engaño Debbie

Para complicar aún más la situación de los investigadores, al trabajo periodístico y el descubrimiento de la detective Linda Erwin, se sumó un nuevo problema: las familias de las víctimas. Si bien habían ganado paz, había familiares a los que el caso del «mayor asesino en serie» no les resultaba verosímil. El asesino confesaba estar en un lugar cuando se había demostrado que no se hallaba en el sitio en esa fecha; o más escandaloso aún, su presencia se superponía con la fecha de otro crimen admitido, y Henry carecía del don de la bilocación; así que no había duda de que muchas de esas confesiones, sino todas, eran una farsa.

En los Estados Unidos, es normal que la población civil inicie una investigación —a veces, paralela a la oficial— y que

Esposado y bien custodiado, el proclamado «mayor asesino en serie de EE.UU.», Henry Lee Lucas, es llevado al Palacio de Justicia de Williamson (Georgetown) en 1980.

compartan mutuamente los avances del caso si eso no representa un peligro. Pero, a tantos años de los asesinatos, solo las familias continuaban indagando crímenes que la policía ya había cerrado y, si bien en un principio muchas agradecieron la gestión de los Rangers, cuando las confesiones se multiplicaron, la desconfianza comenzó a crecer.

Hermanas, esposos, padres y madres volvieron entonces a los departamentos de policía doblemente indignados, porque el crimen que les ocupaba continuaba impune y habían pretendido estafarles con un supuesto asesino confeso.

Uno de los casos más paradigmáticos fue el de Deborah Sue Williamson. Su familia fue una de las primeras en dudar de la confesión de Henry, lo que generó gran cantidad de cuestionamientos.

La noche del domingo 24 de agosto de 1975, el cuerpo de Debbie Williamson, de 18 años, fue descubierto por su esposo en su casa del 1100 de 82nd Street, en Lubbock, Texas. El matrimonio llevaba apenas diez semanas de unión, y esa noche, mientras festejaban el cumpleaños del padre de Debbie, Willard Williamson, la madre de la muchacha le había prometido a su hija menor, Liz, de 8 años, que podría quedarse a dormir en lo de su hermana.

Las chicas eran muy unidas y, a pesar de la nueva vida de casada, Debbie la había invitado y la estaba esperando. Sin embargo «de la nada, mi madre dijo: «No. No te quedarás», rememoraría Liz, 45 años después, con profundo dolor. Lo siguiente que recuerda es a su cuñado, a los pies de la cama, tratando de explicarle que su hermana había sido asesinada.

La policía comprobó que Debbie forcejeó con su atacante, pero que finalmente pudo con ella: la apuñaló 17 veces y abandonó el cadáver en la parte exterior de la casa. Adentro no faltaba nada, salvo un bolso y un retrato de la joven.

Poco después del crimen, mientras la investigación no había arrojado luz alguna, la familia Williamson dejó su casa en South

Lubbock y se mudó a Callisburg, también en Texas. Sin embargo, cuando, en 1984, Henry confesó el crimen, se revivió la esperanza de hacer justicia.

Nuevamente, la familia de Debbie se puso en marcha. Su mamá, Joyce Lemons y su padrastro, Bob Lemons, viajaron a Maryland junto a Liz, donde encontraron fuentes y documentos que refutaban las afirmaciones de Henry. Por ejemplo, en su confesión, este había dicho que la casa estaba pintada de blanco cuando, en realidad, en la época las paredes exteriores eran verdes. Pero lo más importante: no podía haber cometido el crimen, simplemente porque no estaba en Texas cuando ocurrió el homicidio.

Con esta información, demandaron judicialmente al acusado, pero el caso fue desestimado debido a la insuficiencia de pruebas: todo era lejano y confuso. Sumado a ello, Henry se retractó de sus dichos. Así que Willard Williamson murió sin poder obtener justicia para su hija, pero Joyce, su madre, la siguió buscando hasta su fallecimiento, ocurrido en mayo de 2019. La búsqueda del asesino continúa aún, ahora a través de la página de Facebook «Justice for Deborah Sue Williamson».

Este caso y la madre de Debbie son los protagonistas de la serie *Asesino confeso*, y constituyen un homenaje a todas las madres, padres y hermanos que siguen buscando incansablemente la verdad.

Investigación reveladora

A poco más de dos años de detenido Lucas y, tras la exhaustiva investigación de los periodistas del *Dallas Times Herald*, Hugh Aynesworth y Jim Henderson, el 15 de abril de 1985, fue publicado un artículo que desmentía las aseveraciones del asesino titulado «¿Asesino en masa o fraude masivo?». Entre otras cosas, exponía claramente razones de sentido común que contradicen las confesiones de Henry Lee Lucas:

«Se calcula que Lucas habría tenido que utilizar su camioneta Ford, de 13 años de antigüedad, para cubrir 17.700 km en un mes, de haber cometido los crímenes que la policía le atribuye. Esto daba un mínimo de 600 km por día, manejando siete horas, y las preguntas básicas surgieron: ¿no dormía, no descansaba, no comía? ¿Usaba el tiempo restante del día en cometer los crímenes, a veces planificarlos y luego tratar de ocultar los cadáveres para de vuelta subirse a la camioneta y seguir manejando? Como publicidad para la marca de la camioneta, seguramente hubiera servido, pero no para atribuirle la serie de crímenes».

Los periodistas habían preparado una cronología detallada de los asesinatos reivindicados por Henry junto con un informe que comparaba sus afirmaciones a partir de fuentes verificables sobre su paradero. Los resultados contradijeron sus confesiones y, por lo tanto, pusieron en duda la mayoría de sus testimonios sobre los crímenes en los que estaba implicado. Hasta el propio fiscal general Jim Mattox escribió que «cuando Lucas estaba confesando cientos de asesinatos, los que tenían su custodia no hicieron nada para poner fin a esta farsa». Y concluyó: «Hemos encontrado información que nos llevaría a creer que algunos de los casos resueltos no fueron tales. Solo lo hicieron para sacarlos de los libros».

Por su investigación, Jim Henderson y Hugh Aynesworth fueron finalistas en 1986 al premio Pullitzer, el más prestigioso en periodismo. El jurado consideró que el trabajo publicado en el *Dallas Times Herald* fue «una investigación persistente y exhaustiva del autoproclamado asesino en serie Henry Lee Lucas, que lo expuso como el autor de un engaño masivo».

Lo que no tuvieron oportunidad de valorar los jurados fueron los sinsabores que Aynesworth y Henderson tuvieron que soportar para llevar adelante su trabajo. Al principio, la relación con los Rangers fue cordial, porque ambos se beneficiaban mutuamente; pero cuando las sospechas de fraude empezaron a tomar forma, su acceso al criminal fue sistemáticamente denegado y para cuando las pruebas ya eran contundentes, comenzaron a recibir amenazas. Así una noche de mayo de 1985, cuando Aynesworth regresó de su trabajo, encontró la puerta de su casa forzada y todas sus cosas revueltas. ¿Robo? El único faltante fueron los casetes donde estaban registradas las contradicciones de Henry.

El «huracán» Feazell

A las sospechas de las familias y la investigación del diario de Dallas, se sumó la confesión de tres homicidios en el Condado McLennan, Texas. El fiscal de Distrito Vic Feazell ordenó reabrir esos casos, hecho que se convirtió en una verdadera pesadilla para los Rangers.

Además de la estafa moral a las familias de las víctimas y la opinión pública, un nuevo escándalo terminaría con la carrera del fiscal del distrito de Waco desde 1983 hasta 1988, cuando se vio obligado a renunciar, a la vez que agravó la situación procesal de Henry Lee Lucas. Vic Feazell fue el hombre que enfrentó a los Rangers de Texas, y hacerlo le costó su trabajo.

Corría 1984 cuando el fiscal Feazell comenzó a elaborar el *Lucas Report* o «Informe Lucas», un documento en el que afirmaba que el asesino confeso no podía haber cometido esos crímenes. Apenas conocido el informe, 19 agentes de la ciudad montaron un operativo para detener a Feazell además de registrar su casa y su oficina. «Hubiera sido genial ver mi foto en el periódico con un Ranger a mi lado con una versión real de Hannibal Lecter —dijo Feazell consultado sobre su encendida defensa al confeso criminal—, pero creo en hacer lo correcto. Así me educaron».

La situación era confusa. Parecía que se había montado una campaña en contra de Feazell alegando que su objetivo no era descubrir la verdad, sino encubrir los crímenes de Henry Lee Lucas. El fiscal sintetizó el triste derrotero que le tocó en suerte:

«Mi carrera prácticamente acabó. Debí renunciar antes del plazo y, como estaba libre, había gente que pensaba que tenía un muy buen abogado o que era un gran mentiroso. Mi matrimonio se derrumbó y mis hijos tuvieron muchos problemas. Me esperaban ochenta años de prisión».

¿En qué se basaban las acusaciones contra el fiscal para que las consecuencias fueran tan terribles? Solo en una supuesta investigación del canal de televisión Dallas WFAA-TV, que en una miniserie de 11 capítulos acusó a Feazell de extorsión y de encubrir al asesino con su *Informe Lucas*. Tiempo después se descubriría que el informe era falso. Otra mentira más entre todas las demás, como si hubiera habido pocas.

El 29 de junio de 1987, la justicia declaró inocente a Vic Feazell, pero el fiscal debió dejar atrás su sueño político —era un hombre ambicioso y quería ser gobernador—, rehacerse como abogado y comenzar una nueva vida. El 13 de septiembre de 1988, Feazell envió un comunicado a la prensa en el que anunciaba su renuncia al cargo de Fiscal de Distrito del Condado de McLennan.

Más tarde, Charles Duncan, director de la serie que hundió a Feazell, enfrentó un juicio por difamación por el que tuvo que abonar un resarcimiento económico de 58 millones de dólares, el más oneroso de la historia de la Justicia estadounidense. Esto ocurrió recién en 1991 y Feazell fue representado por su colega, el exfiscal de distrito Gary Richardson.

De regreso a su profesión, Feazell comenzó a representar a Henry Lee Lucas en todos los casos de asesinato que había confesado y continuaban pendientes de ser aclarados. Contradiciendo las confesiones de su defendido, Vic Feazell trabajó duramente para que Henry no fuera condenado por crímenes que no había cometido.

En 1988, gracias al trabajo de Feazell y a la colaboración de organizaciones de derechos humanos, la pena de muerte de inminente cumplimiento le fue conmutada a Henry, y su condena fue modificada por la de cadena perpetua, castigo que ya estaba cumpliendo por la muerte de Becky —más los 75 años por el asesinato de la señora Rich—. George W. Bush, entonces gobernador de Texas y luego presidente de Estados Unidos, fue quien firmó la orden.

El fiscal rehízo su carrera y creó su propia oficina legal, The Law Offices of Vic Feazell, en Austin y en Waco, Texas, y sigue dedicándose casi exclusivamente a casos de lesiones personales.

Capítulo 10

¿MENTIROSO PATOLÓGICO?

«**Cuando ves el daño que causas al admitir los crímenes, sabes que alguien los mató. Y esto deja a los asesinos libres y ya no haré eso.**»

HENRY LEE LUCAS

El tiempo pasaba, los casos se reabrían y cerraban, y Henry Lee Lucas seguía en prisión. Pero aún era difícil imaginar que se había llegado al fondo de la cuestión. Quizá eso no sucedería nunca.

Los crímenes de los que Henry se hizo cargo ocurrieron hace más de 40 años, los reclamos se fueron desdibujando por el paso del tiempo y las familias dejaron de buscar la verdad. ¿Cuántos asesinatos quedaron sin resolver bajo el paraguas de la falaz confesión masiva de Henry Lee Lucas?

En una de las tantas conferencias de prensa que Henry dio para la televisión norteamericana, ya en el «corredor de la muerte» de la prisión de Huntsville, Texas, tuvo lugar el siguiente diálogo:

—¿Por qué confesaste todos esos casos? —preguntó uno de los periodistas.
—Solo porque sí, supongo —respondió Henry alzándose de hombros.

Su versión de la realidad era cambiante, acomodaticia.
Otra vez le preguntaron:
— Entonces... ¿eres un mentiroso patológico?
—Sí —respondió sencillamente Henry.
—¿Me estás diciendo la verdad ahora?
—¡Claro!

Henry no era creíble. No hay dudas y, para confirmarlo, hay más datos. Interrogado sobre cuántos asesinatos había cometido en una de las muchas entrevistas que dio desde la cárcel, contestó: «A mi madre, en 1960. Es el único homicidio que cometí y ya no estoy seguro de haberlo hecho».

Diagnóstico: paramnesia

Mientras para algunos Henry era un sádico cruel; para otros era solo un mentiroso compulsivo. La realidad es que Henry Lee Lucas había aprendido a mentir para sobrevivir. En la escuela, a sus padres, a los Rangers, a sus múltiples compañeros de celda y a casi todo el mundo a lo largo de los años. Tenía muy en claro qué le preguntarían los psicólogos y cómo convencerles de su pasado de niño abusado, así como sabía qué debía decirles a los psiquiatras para que le recetaran ansiolíticos o simples pastillas para dormir.

Recién entre 1985 y 1986, los especialistas que le trataban llegaron a una conclusión unánime: el condenado sufría de paramnesia. ¿De qué se trata esta afección? De acuerdo con el *Diccionario médico* de la Universidad de Navarra, es «una alteración de la memoria que se caracteriza por la distorsión de los recuerdos. El sujeto tiene falsos recuerdos (que cree verdaderos) y que sustituyen a los hechos reales que no puede recordar. Incluye la confabulación, la seudología fantástica, los falsos reconocimientos y la ilusión del «ya visto» y «ya vivido». Aparece con bastante frecuencia en los cuadros de alcoholismo crónico y en los síndromes orgánicos cerebrales».

También llamada «delirio de la memoria» o «alucinación de recuerdo», en Henry esta problemática se convertía en una verdadera confabulación, y en su mente se formaban lagunas de memoria que él llenaba con inventos. Entonces, tomaba un hecho cierto, le agregaba un poco de fantasía y después añadía lo que él creía que la persona que le escuchaba quería oír. El montaje creaba una nueva realidad que él tenía la habilidad de ir ajustando a cada momento para adaptarse a los demás y a las circunstancias.

En un primer momento, en 1983, apenas fue arrestado, se hizo pública una confesión escrita que decía: «A quien corresponda: yo, Henry Lee Lucas, para dejar en claro las cosas, asesiné a Kate Rich en septiembre del año pasado. He tratado de obtener ayuda por mucho tiempo, pero nadie me ha ayudado. Llevo matando personas desde hace diez años y nadie me ha de creer...».

Declaraciones que desmentía muchos años después, sumadas a su diagnóstico, explican por qué pasaba una y otra vez la famosa prueba del polígrafo. Independientemente de que esta prueba ha perdido confiabilidad a la hora de reconocer una mentira, Henry creía que decía la verdad, así que no le resultó difícil que sus confesiones pasaran por válidas.

Confesiones a medida

Después del fabuloso revuelo en los medios, las investigaciones periodísticas que le señalaron como mentiroso y el trabajo de personas como Vic Feazell, el acusado terminó por desmentirse.

Lejos ya de la presión de los Rangers, Henry aseguraba ahora que todo había sido un engaño. Había querido quedar bien con la policía y la mejor forma de logarlo era admitiendo su participación en centenares de casos que se cerraban como por arte de magia. En una oportunidad, para desligarse de los casos afirmó: «Yo estaba muy enfermo y no tenía esperanza de demostrar que era inocente, de nada. Solo decidí que si la policía quería confesiones falsas, se las daría. Y lo hice».

En su afán por borrar los hechos, afirmó además que no había matado a su madre, ni a Becky ni a la señora Rich. Pero dijo también que era un mentiroso, y así se desligó de lo que él mismo había declarado. De los dos centenares de casos de los que se le consideró culpable, 76 fueron revisados y se probó que eran falsos, que no había participado en ellos y que, como él decía ahora, había mentido.

Con tantas muertes confesadas y desmentidas, cada vez era más difícil conocer la verdad.

Desmentidas en masa

Después del juicio de 1984 por el caso «medias naranjas», Henry no fue a la prisión de Huntsville, sino que siguió en la del condado, en Georgetown, para continuar colaborando con policías de todo el país para resolver los múltiples casos pendientes.

La lejanía de Henry respecto al tiempo y al lugar de los hechos en algunos asesinatos fue una de las pruebas más contundentes para catalogarle como «mitómano» o mentiroso empedernido. Como en la novela de Stephen King, *The Outsider* (2018), solo los poderes sobrenaturales podían explicar la presencia de una persona en dos lugares distantes al mismo tiempo.

Hay varios ejemplos de la supuesta «bilocación» de Henry. Algunos son el asesinato de una mujer de apellido Conroe, ocurrido el 1 de octubre de 1982. La policía aceptó la confesión de Henry. Sin embargo, más tarde se comprobó que ese mismo día había solicitado beneficios de desempleo en Decatur, Illinois, a más de 1.600 km. Algo similar ocurrió con otro homicidio acaecido el 12 de septiembre de 1981 en Houston, que las autoridades cerraron después de aceptar la confesión de Henry, pero en el momento del asesinato, el supuesto criminal se hallaba en la cárcel de Pikesville, Maryland, a 2.253 km del lugar.

Y había más. El 9 de septiembre de 1975, ocurrió un asesinato en Tyler, Texas. Los guardabosques y las autoridades de

Lucas con su vicio: sus famosos Pall Mall, sin los que no podía vivir. Falleció de muerte natural en la prisión de Huntsville, Texas, el 12 de marzo de 2001.

Tyler aceptaron la confesión de Henry, pero los registros de la empresa Kaolin Mushroom Farms en Avondale, Pensilvania, muestran que estaba trabajando allí ese día, ya que le habían contratado para la cosecha de setas durante una temporada. La policía local había advertido a los Rangers sobre esta situación, pero el dato fue desestimado.

También, en el Condado de Pulaski, Arkansas, Henry admitió en la audiencia del Tribunal de Circuito haber asesinado también a Betty Thornton, empleada de una tienda en Little Rock el 6 de noviembre de 1981. Ese mismo día, sin embargo, Henry registró y aseguró un coche a su nombre en Jacksonville, Florida. Esta confesión tenía un claro propósito, ya que exculpaba a Scotty Scott, hijo de un policía, quien habría sido condenado por el homicidio. ¿Causalidad? No.

Las inconsistencias en muchas declaraciones fueron investigadas por exfuncionarios de la misma policía. En 2006, el diario *Brownfield News*, de Brownfield, Texas, reveló que el exinvestigador David Cox tenía dudas sobre la participación de Henry Lee Lucas en el homicidio de Dianna Lynn Bryant, de 17 años. El cuerpo sin vida de la joven que trabajaba como niñera fue hallado en un apartamento de esa localidad de Texas, el 26 de abril de 1981. La policía no avanzó mucho en el caso hasta que, en septiembre de 1984, le mostró seis fotografías de la evidencia a Lucas, quien no la defraudó: confesó su autoría casi al instante. Dijo que llegó hasta el apartamento donde estaba Dianna en compañía de Toole y Becky, para pedir comida. Mientras Dianna les preparaba algo, Henry utilizó el cable de la aspiradora para estrangularla.

Bastó la confesión de Lucas para dar por cerrado el caso. Sin embargo, en 2006, Cox admitió que de la declaración surgían contradicciones. Por ejemplo, el asesino dijo que la estranguló en la cocina, pero el cuerpo fue encontrado en un cuarto; tampoco identificó correctamente el apartamento donde se cometió el crimen. A pesar de esto, el padre de Dianna no quiso reabrir el caso y seguía convencido de que el asesino era Lucas.

Algo similar ocurrió con el caso Curtis. En agosto de 1976 Clemmie Curtis, policía de Jacksonville, Florida, apareció muerto con un disparo en el pecho, a pocos metros de su coche-patrulla. El caso estuvo abierto hasta que Henry admitió que él y Ottis eran los responsables. Pero también se supo que Ottis y Lucas no se conocieron sino hasta 1978 y que se hicieron amigos en enero de 1979. Sin embargo, Tom Bevins, detective de la policía de Huntington, dijo: «No tengo ninguna duda (de que Lucas cometió el crimen). No puedo hablar por los otros casos, pero en lo que respecta a Clemmie Curtis, no hay duda en mi mente».

Con ayuda del ADN

En mayo de 1983, pocos días antes de ser detenido Henry, en El Paso, Texas, encontraron los restos de Librada Apodaca, de 72 años. El cadáver, que mostraba lesiones de hacha, fue hallado por su hijo Oscar pocas horas después. La casa había sido saqueada. No hubo sospechosos en el momento y las pruebas de la escena del crimen resultaron poco significativas.

Cuando Henry ya había sido detenido y estaba dando rienda suelta a su locuacidad confesional, fue llevado de manera reservada hasta el rancho de Lower Valley para intentar que confesara su culpabilidad. Y así lo hizo. Según Servando Blanco, subjefe de policía, «los detectives dijeron que les llevó directamente a su casa. Así que no parece que lo haya inventado. Entiendo que dijo que estaba en El Paso, quebrado y hambriento, así que irrumpió en una casa el fin de semana en que la víctima fue asesinada».

Tiempo después, se supo que las declaraciones sobre la forma en que había muerto la señora Apodaca no coincidían con los hechos relatados, y más tarde fue culpado un jardinero, que también confesó haber cometido el crimen, aparentemente bajo tortura policial. A su vez, este jardinero, de apellido Valenzuela, fue posteriormente asesinado.

El caso se aclaró cuando las pruebas de ADN fueron posibles, ya que su creación data de 1990, año en que fueron aplicadas por primera vez para resolver el asesinato y violación de Christine Morton. Así los investigadores establecieron que la señora Apodaca había sido asesinada por su propio sobrino quien, además, era el único que sabía que el hacha estaba escondida detrás de la lavadora.

Confesiones conseguidas con metodologías ortodoxas, casos que cierran gracias a un chivo expiatorio, dudas y mentira... Un Henry Lee Lucas tan locuaz y colaborador que no deja crimen sin inculparse. En resumen, la forma de investigar debía dar un giro rotundo, porque la policía de todo el país estaba bajo sospecha. ¿Estaban sueltos todos los asesinos?

Gracias al análisis de ADN se pudieron reabrir y aclarar definitivamente muchos casos. Además, se desarrolló la metodología básica con la que se investigan los crímenes en la actualidad. Y el ADN terminó por zanjar la cuestión de la culpabilidad de Henry Lee Lucas: de los cerca de 210 asesinatos que se le atribuyeron luego de sus confesiones, en ninguno se encontró su ADN. Y de ellos, apenas 20 fueron resueltos: con la implementación de las pruebas genéticas fueron hallados los verdaderos culpables.

Varios casos fueron resueltos gracias a la implementación de técnicas de genealogía genética. El más relevante: la identificación del «Golden State Killer», en 2018. Autor de medio centenar de violaciones y de 13 homicidios en los años 70 y 80, este criminal permaneció prófugo, protegido por el anonimato, hasta que el cotejo de ADN en un banco de datos público reveló que se trataba de Joseph James De Angelo, que fue arrestado y condenado.

Estas técnicas puede implementarlas la policía, el FBI u otros organismos del Estado, pero también existen organizaciones civiles que colaboran con la Justicia.

En 2017 nació *DNA Doe Project*, una institución sin fines de lucro, creada para la identificación de víctimas de crímenes como los de «John o Jane Doe», de quienes no hay datos personales.

El primer éxito de *DNA Doe Project* en 2018 fue identificar a «Buckskin Girl», una joven de 21 años estrangulada en el condado de Miami, Ohio, el 24 de abril de 1981. La policía tenía sus huellas digitales y su dentadura, pero no pudo identificarla. En cambio, una muestra de sangre obtenida durante la autopsia y conservada durante décadas permitió comparar el ADN con una base pública de datos genealógicos y determinar que la víctima era Marcia L. King.

Curiosamente, este caso no había salido de la catarata de confesiones de Lucas. Pero el siguiente logro de *DNA Doe Project* sí tuvo relación con el asesino más locuaz de la historia. En mayo de 2019, la institución anunció la identidad de «medias naranjas», víctima por la cual Lucas había sido condenado a muerte en 1984.

La chica, hallada violada y estrangulada bajo un puente de la Interestatal 35, era Debra Jackson, nacida en 1956 en Abilene, Texas. Había abandonado el hogar en 1978, pero su familia no denunció su desaparición por considerar que ella misma había tomado la decisión. Debra trabajó en el Ramada Inn de Amarillo y en la residencia Boor-Mont, de Azle, siempre en Texas.

Con el pasar de los años, la hermana de Debra comenzó a sospechar que «medias naranjas» podría ser la chica que había partido sin dejar rastros. En especial, por el parecido de algunas heridas por una infección que Debra había padecido cuando era niña. Entonces, proporcionó muestras de su ADN a *DNA Doe Project* para que las compararan con muestras de «medias naranjas» alojadas en GEDmatch, un banco genético creado en 2010, como iniciativa privada. Efectivamente, la víctima era Debra Jackson.

Aunque estos avances alientan algunas esperanzas, para la inmensa mayoría de las víctimas y de sus familias, lamentablemente, los casos adjudicados al mayor asesino en serie continúan abiertos.

Capítulo 11

RANGERS EN LA MIRA

«Le dije al fiscal general, les dije a los Rangers
de Texas, les dije inequívocamente que no, ese no
era nuestro asesino.»

HOWARD RUSH, detective de Riverside,
California.

Un día la locura de la confesión masiva llegó a su fin.
Henry Lee Lucas, convertido en una verdadera estrella
del morbo, dejó caer la máscara que los Rangers le habían
facilitado. Impulsada por el artículo del *Dallas Times Herald* y por el
trabajo del exfiscal Vic Feazell, comenzó una nueva investigación.

¿Dijo la verdad cuando afirmaba que solo había matado a tres
personas? ¿Qué ocurrió con los 210 casos cerrados tras sus confesiones? Henry mismo aclaró en el famoso artículo del periodista Hugh Aynesworth: «Solo tengo tres (asesinatos). Pero ellos
(los funcionarios encargados de hacer cumplir la ley) se vuel-
ven locos cada vez que les cuento algo más». Y más adelante, en
la misma entrevista aseguró que todo se trataba de un engaño
«para mostrar que la policía no hace su trabajo».

Los Rangers de Texas quedaron en la mira: su investigación
no fue más que una farsa y un grave delito. Y no solo lo era en
ese momento, sino que las dudas sobre su actuación se exten-
dían al pasado.

Confesiones falsas

Las críticas llegaron de todas partes. En California, donde Henry había confesado 15 asesinatos y llevado a la policía a un centenar de escenas de crímenes diversos, incluso llegó a dudarse de la actuación del fiscal general del Estado, John D. Van de Kamp. Por su parte, Howard Rush, detective del Condado de Riverside, admitió ante los periodistas del *Dallas Times Herald* que «las imágenes mostradas a Lucas por los oficiales del condado podrían haber ayudado a llevarlos al sitio del asesinato de Deanna Musquiz, de 16 años, pero otros detalles no coincidían». Y agregó: «Nunca estuve satisfecho con las confesiones de Lucas. Nos dio detalles finos, pero todos estaban completamente fuera de lugar. Le dije al fiscal general, les dije a los Rangers de Texas, les dije inequívocamente que no, ese no era nuestro asesino».

El *sheriff* Jim Boutwell y Bob Prince, los más cercanos a Henry en todo el proceso, fueron los más castigados durante la investigación posterior. Pero jamás se desdijeron, de acuerdo con un informe publicado por la agencia internacional de noticias Associated Press, a través de su medio *APNews*: «Las autoridades policiales aceptaron las confesiones de Lucas porque tenían prueba adicional para implicarle». En otros casos, a todas luces insostenibles, prometieron que las confesiones serían reexaminadas».

Así en un manejo con trasfondo político, el coronel Jim Adams, director del Departamento de Seguridad Pública de Texas, la agencia matriz de los Ranger de Texas, señaló que las autoridades ignoraron que las pruebas fueran «ridículas». Pero olvidó mencionar que él mismo era una autoridad en el tema, considerando que el propio Adams había autorizado la formación de la Task Force a pedido del *sheriff* Boutwell. Y trató de despegarse del tema aún más, explicando que «se informó ampliamente que una serie de asesinatos reclamados por él no podían ser justificados». Adams, quien había sido director interino del FBI, falleció el 25 de abril de 2020, a los 93 años.

Phyllis Wilcox se enamoró de Lucas, asesino convicto y galán, a quien propuso una idea tan sencilla como genial: revivir a Becky.

El *sheriff* Jim Boutwell negó hasta el día su muerte, ocurrida el 7 de diciembre de 1993, que hubiera coaccionado a Henry Lee Lucas para que confesara y afirmaba que los expedientes habían sido resueltos de manera genuina.

Bob Prince, quien tuvo estrecho contacto con Henry Lee Lucas dijo que el caso tomó dimensiones exageradas y que su trabajo no fue bien considerado. Aún en la actualidad, sostiene que Henry es el asesino más sádico de la historia. Prince trabaja hoy para la LaSalle Corrections, una empresa que gerencia prisiones privadas en Texas, donde actúa en calidad de director de asuntos gubernamentales.

Capítulo 12

LA ÚLTIMA SORPRESA

«¿Y si digo que soy Becky?»

PHYLLIS WILCOX, amiga de Henry Lee Lucas.

En 1993 Henry Lee Lucas ya había sido trasladado a Huntsville, al «corredor de la muerte», donde los condenados a la pena máxima aguardan su ejecución. Ya había confesado y desmentido todo lo que podía y con esta maniobra había logrado dilatar el cumplimiento de la sentencia. Pero el tiempo avanzaba y su destino parecía irreversible. Su abogado, el exfiscal de distrito, Vic Feazell, hacía lo posible para postergar el final o revertir la sentencia.

En ese momento, Becky Powell, novia y segunda víctima oficial de Henry Lee Lucas, apareció con vida y hablando en un programa de televisión. Y no se trató de un acontecimiento sobrenatural. Una mujer recatadamente vestida y de prolijo peinado decía a los televidentes: «No me trozó, ni arrojó mis pedazos por doquier. Si lo dejé es porque me cansé del hambre y la pobreza». Costaba creerlo, pero al parecer era la misma chica de 15 años que Henry había asesinado y cortado en pedazos hacía 33 años.

Feazell sintió que por fin sus años de trabajo adquirirían sentido. Si Becky estaba viva, aunque Henry todavía debiera purgar pena por la muerte de la señora Rich, era probable que un día pudiera salir libre. El abogado puso pronto manos a la obra y contrató a un detective para investigar la nueva vida de Becky Powell y fueron hasta Cape Girardeau, en Missouri, para verla.

A lo largo de varias entrevistas, ella contó cómo había conocido a Henry a través de su tío Ottis y dio detalles sobre la vida que habían llevado juntos. Recordaba la casa de Jacksonville donde se había criado y cómo vivieron en pareja hasta ese día, en medio de la ruta, en el que abandonó a Henry. También, recordó con tristeza intimidades de su madre y la relación con su tío. Todo parecía cierto.

Feazell habló entonces con Bob Prince para contarle lo que había descubierto. Pero este, una vez más, fue renuente a creerle. «Lucas nos mostró dónde la había matado y dónde estaban sus partes. Pudimos reconstruir todo el cuerpo. Becky está muerta» insistió, aunque aceptó seguir investigándola. «Vamos a ponerla bajo juramento, a ver qué dice» propuso el Ranger, y el exfiscal y actual abogado de Henry aceptó.

Aunque estaba convencido de que la mujer era la verdadera Becky Powell, accedió a tener una entrevista más con ella, para explicarle que, si estaba mintiendo, una vez que le tomaran testimonio bajo juramento, podría ir a la cárcel por perjurio o falso testimonio.

Feazell y Becky se encontraron en la oficina del abogado para aclarar un poco más las cosas y trazar la estrategia que se pondría en marcha para liberar a Henry. Sin embargo, por una corazonada o porque la investigación debía llegar ahora sí o sí hasta el fondo, el abogado cometió una infidencia: le pidió a su esposa que, mientras él hablaba con Becky, ella revisara su equipaje a escondidas. La mujer lo hizo y descubrió una pila de correspondencia entre Becky y Lucas. Más de dos años de intercambio epistolar que ponía en evidencia, al menos, que ella sabía del destino de Henry.

Lo que sucedió después conmocionó tanto al abogado que se vio obligado a abandonar el caso. Él mismo reconoció: «Luché tanto, hice tanto... que cuando apareció Becky, de verdad pensé que eso me devolvería mi reputación». Pero no fue así, las cartas demostraron que todo había sido un fraude y Vic Feazell renunció definitivamente a la defensa de Henry Lee Lucas.

La supuesta Becky resultó ser Phyllis Wilcox, una mujer que había ido a visitar a Henry a la cárcel y quizá conmocionada por el caso se había enamorado de él. «Amo a Henry. Es el hombre más amable que conozco», dijo en su defensa. «Quería ayudarle».

Después de visitarle en prisión, Phyllis y Henry comenzaron un profuso intercambio epistolar, hasta que ella, conmovida por su caso y la pronta aplicación de la pena de muerte, le preguntó: «¿Y si digo que soy Becky?». Al principio, el propio Henry se negó, aparentemente, pero ella terminó por convencerle, y él de a poco le fue contando todo acerca de la sobrina de Ottis Toole en su correspondencia.

Para cuando la falsa Becky hizo su aparición y mientras duró la investigación, Henry volvió al centro de la escena en los medios y en los tribunales, y consiguió dilatar la aplicación de la sentencia nuevamente.

Condena cumplida

La historia de la mujer que se hizo pasar por Becky constituyó la última gran mentira de Henry. Y aunque luego vino el indulto del gobernador George W. Bush en 1998, Henry Lee Lucas todavía tenía una larga, larguísima, condena por cumplir. El destino, sin embargo, tenía otros planes para él: falleció a causa de una insuficiencia cardíaca el 12 de marzo de 2001.

«Henry Lee Lucas, considerado como el mayor asesino múltiple de Estados Unidos, murió el pasado lunes en la prisión de Huntsville. Lucas, de 64 años, fue trasladado a la enfermería aquejado de un dolor agudo y, poco después, las autoridades penitenciarias le encontraron inconsciente, según ha declarado el portavoz del departamento de Justicia Criminal de Texas, Larry Fitzgerald», consignó el diario español *El Mundo* en su edición del 14 de marzo de 2001, a partir de la información de las agencias internacionales de noticias Agence France Presse (AFP) y la norteamericana Associated Press (AP).

Su trágica infancia, su bestial adolescencia y su historia forman hoy parte de los anales de la criminología.

Henry Lee Lucas confesó al menos 210 crímenes; pero solo se sabe con certeza que mató a tres mujeres: su madre, por la que cumplió su condena en prisión, Becky Powell y Kate Rich. Probablemente, lo demás haya formado parte del montaje de los Rangers de Texas con el fin de resolver los casos de homicidios no resueltos.

El 12 de marzo de 2001 se terminaron para siempre las mentiras. Y también, los dibujos, los vasitos de helado de fresa, prolijamente lavados y guardados, y los cigarrillos Pall Mall sin los que Henry no podía vivir. Todo eso quedó olvidado para siempre en aquella celda del corredor de la muerte.

Henry Lee Lucas está enterrado en el cementerio Captain Joe Byrd, en la prisión de Huntsville. En 2012, sin embargo, su tumba fue vandalizada y en la actualidad ya no está identificada. Tal vez se trate de un mensaje paradójico del destino que dice: «Aquí no yace el asesino en serie que no fue tal, o quizá sí».

Epílogo

«Henry Lee Lucas fue condenado por el asesinato de una joven sin identificar, cuyo cadáver fue encontrado cerca de Georgetown, Texas, el 31 de octubre de 1979. Se le condenó en virtud de su confesión (...). Lucas nunca aportó en ninguno de sus testimonios sobre el «asesinato de los calcetines naranjas», —como se dio en llamar al caso— más información sobre la víctima (...).

Las autoridades hicieron caso omiso de una coartada según la cual se encontraba en Florida en el momento del asesinato. Lucas fue condenado por asesinato en el curso de la comisión o del intento de comisión de una agresión sexual con agravantes (...), elemento necesario para que fuera merecedor de la pena capital. Antes de su arresto, la oficina del *sheriff* del Condado de Williamson había llegado a la conclusión de que la víctima no fue agredida sexualmente porque no había indicios de ello. La fiscalía no pudo presentar ninguna prueba material o circunstancial que respaldara que se hubiera cometido realmente el otro grave delito que se le imputaba (...).»

El «asesinato de los calcetines naranjas» no es una excepción a la pauta general que la Fiscalía General encontró posteriormente en otros casos de Lucas. No había ninguna prueba material que respaldara la confesión (...). La investigación conocida como Lucas Report, en cambio, constató registros del trabajo y otros indicios fiables que indicaban que estaba en Jacksonville, Florida, en el momento del crimen.

En 1986, el fiscal general Mattox declaró:

«... Encontramos registros del trabajo, comprobantes de cobro en efectivo, información toda ella que indicaba que Lucas estaba en otro sitio. No encontramos nada que le vinculara con el crimen que confesó y por el que fue condenado». Además, los resultados de un examen con un detector de mentiras indicaron que no cometió el «asesinato de los calcetines naranjas». El fiscal general concluyó que «nadie que considere racionalmente los hechos podría deducir más allá de toda duda razonable que Henry Lee Lucas cometió el «asesinato de los calcetines naranjas» *.

(*) *La pena de muerte en Texas: Injusticia letal*, documento de Amnistía Internacional publicado en 1998.

PERFIL CRIMINAL

Nacimiento: 23 de agosto de 1936, Blacksburg, Virgina, Estados Unidos.

Nombre: Henry Lee Lucas.

Padres: su madre fue Viola Lucas, pero no existe seguridad sobre quién fue su padre, dado que ella se dedicaba a la prostitución. En la fecha del nacimiento de Henry, Viola vivía en pareja con Anderson Lucas.

Infancia y juventud: fue sodomizado desde pequeño y disfrazado de niña para los clientes de su madre, quien también le golpeaba y maltrataba de todas las maneras posibles. De joven se inclinó por la zoofilia.

Esposas e hijos: se casó con Betty Crawford en 1975. Abandonó el hogar familiar en 1977, cuando las hijas de su pareja le denunciaron por abuso sexual.

Perfil: paramnésico y megalómano. Considerado además psicópata, sádico, caníbal, necrofílico y pirómano.

Tipo de víctimas: confesó más de 200 crímenes, casi todos de mujeres, pero no pudieron ser probados.

Crímenes: mató a su madre, Viola Lucas; a su novia, Becky Powell, y a Kate Rich, una anciana que le había empleado.

Modus operandi: asesinó a esas mujeres porque sentía un odio visceral hacia el género femenino. En los tres casos, utilizó un arma blanca.

Condena: estuvo condenado a la pena de muerte, que le fue conmutada durante la presidencia de George W. Bush en 1998. Falleció de un ataque cardíaco mientras cumplía su cadena perpetua el 12 de marzo de 2001 en la prisión de Huntsville, Texas, Estados Unidos.

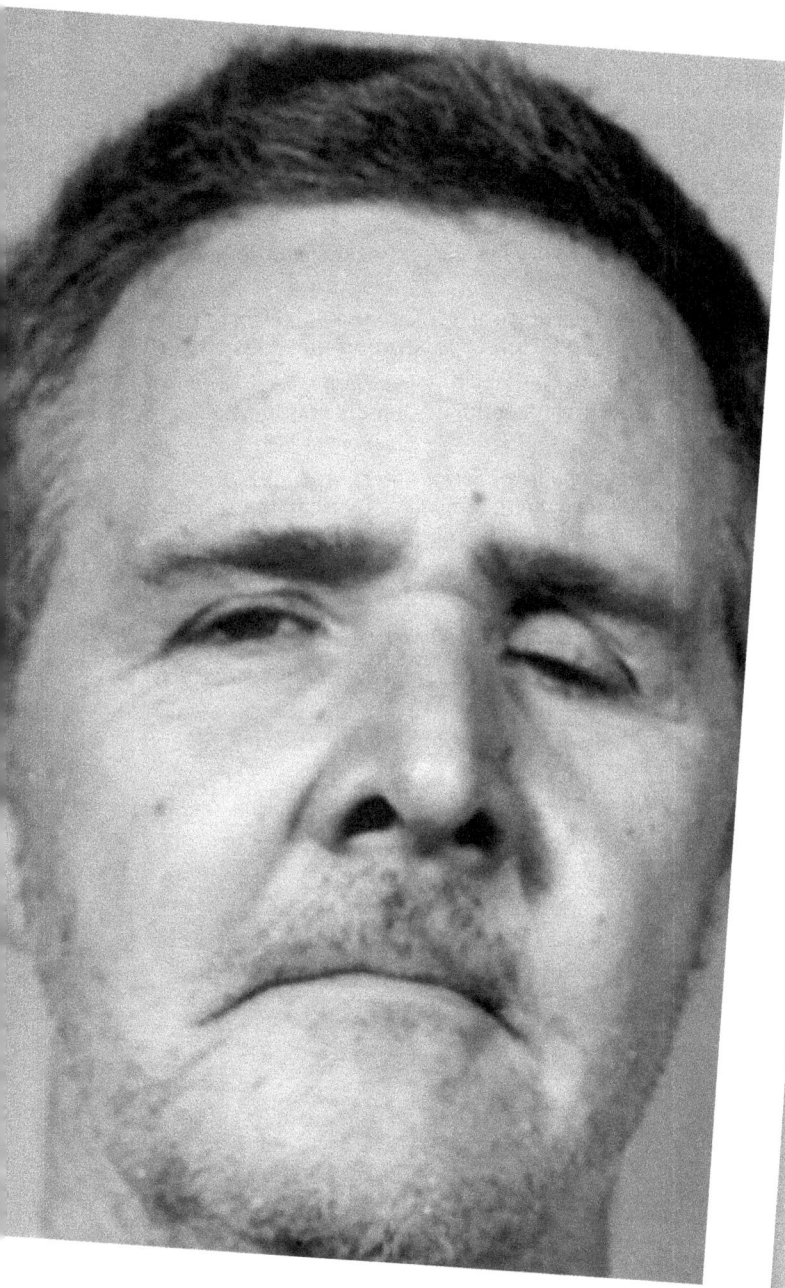

Bibliografía

Bartels, DeWayne, *Justice Averted: The Story of Henry Lee Lucas an Innocent Man on Death Row*. Gooding, 1994.

Call, Max, *Hand of Death: The Henry Lee Lucas Story*. Vital Issues, Lafayette, Luisiana, 1985.

Cox, Mike, *The Confessions of Henry Lee Lucas*. Pocket Star Books, Nueva York, 1991.

Green, Ryan, *Trust Me: The True Story of Confession Killer Henry Lee Lucas*. Independently published, Heredfordshire, Inglaterra, 2019.

Jiménez Serrano, J., *Asesinos en serie: definición, tipologías y estudios sobre esta temática*. Gaceta Internacional de Ciencias Forenses, Valencia, 2011.

Newton, Michael, *The Encyclopedia of Serial Killers: A Study of the Chilling Criminal Phenomenon from the Angels of Death to the Zodiac Killer*. Facts on File, Nueva York, 2006.

Norris, Joel, *Henry Lee Lucas: retrato del más famoso asesino en serie norteamericano*. Valdemar, Madrid, 1995.

Henry Lee Lucas (True Crime). Constable, 1993.

Ressler, Robert K. y Schachtman, Thomas, *Whoever Fights Monsters*. St. Martins Mass Market Paper, Londres, 1994.

Rosenfeld, Harvey, *Depravity: A Narrative of 16 Serial Killers*. iUniverse, Bloomington, Indiana, 2009.

Vronsky, Peter, *Serial Killers: The Method and Madness of Monsters* Peter. Penguin Putnam Inc., Londres, 2004.

TÍTULOS DE LA COLECCIÓN

ALEXANDER PICHUSHKIN
EL ASESINO DEL AJEDREZ

***

PEDRO ALONSO LÓPEZ
EL MONSTRUO DE LOS ANDES

***

HAROLD SHIPMAN
EL DOCTOR MUERTE

***

ARQUÍMEDES PUCCIO
EL SINIESTRO LÍDER DEL CLAN

***

GILBERTO CHAMBA
EL MONSTRUO DE MACHALA

***

MARY BELL
LA NIÑA ASESINA

***

DONATO BILANCIA
EL ASESINO DEL TREN

***

JACK EL DESTRIPADOR
EL TERROR DE WHITECHAPEL

***

MANUEL DELGADO VILLEGAS
EL ARROPIERO: UN PSICÓPATA NECRÓFILO

***

JEAN-CLAUDE ROMAND
EL PARRICIDA MITÓMANO

www.ingramcontent.com/pod-product-compliance
Lightning Source LLC
Chambersburg PA
CBHW060438090426
42733CB00011B/2321